新型农民职业技能培训系列丛书

新技术 新热点

物业管理员

杨章亭 主编

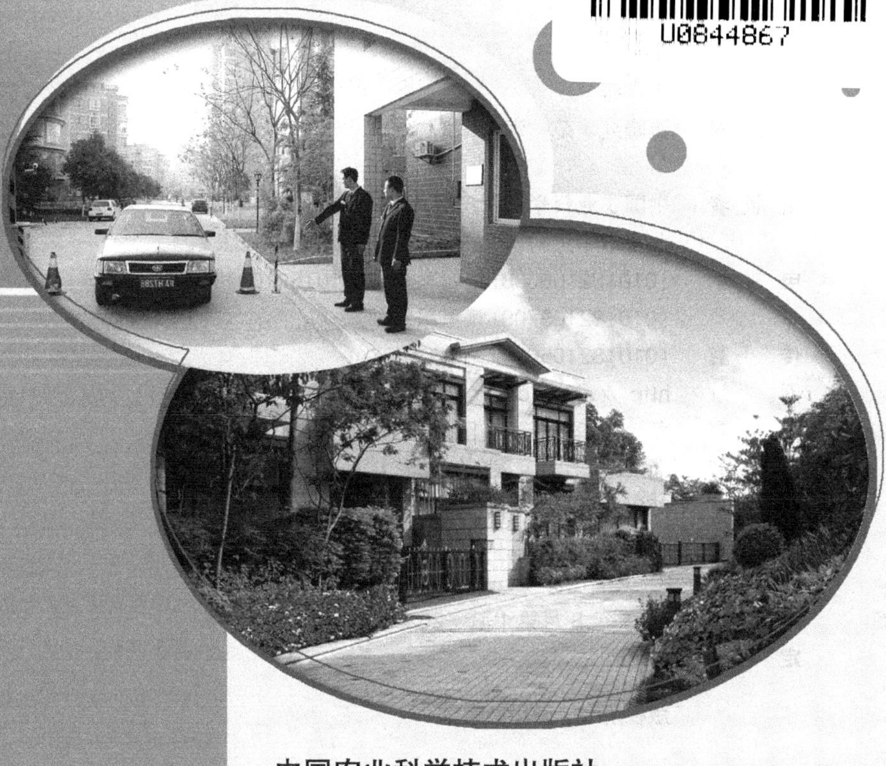

中国农业科学技术出版社

图书在版编目（CIP）数据

物业管理员／杨章亭主编．—北京：中国农业科学技术出版社，2011.8（2022.9重印）
ISBN 978-7-5116-0563-4

Ⅰ．①物… Ⅱ．①杨… Ⅲ．①物业管理 Ⅳ．①F293.33

中国版本图书馆 CIP 数据核字（2011）第 131483 号

责任编辑	朱 绯
责任校对	贾晓红 范 潇
出 版 者	中国农业科学技术出版社
	北京市中关村南大街 12 号 邮编：100081
电 话	（010）82106638（编辑室） （010）82109704（发行部）
	（010）82109709（读者服务部）
传 真	（010）82106624
网 址	http://www.castp.cn
经 销 者	各地新华书店
印 刷 者	北京建宏印刷有限公司
开 本	850mm×1168mm 1/32
印 张	3.125
字 数	81 千字
版 次	2011 年 8 月第 1 版 2022 年 9 月第 4 次印刷
定 价	12.00 元

━━━━ 版权所有・翻印必究 ━━━━

《物业管理员》编委会

主　编　杨章亭

编　者　肖茂峰　梁　雯　严伟伟　韩　栗
　　　　周军平　马伶俐

序　言

　　农村劳动力转移，是我国从城乡二元经济结构向现代社会经济结构转变过程中的一个重大战略问题。解决好这个问题，不仅直接关系到从根本上解决农业、农村、民生问题，而且关系到工业化、城镇化乃至整个现代化的健康发展。十七届三中全会《决定》中继续强调"引导农民有序外出就业"的同时，特别提出"鼓励农民就近转移就业，扶持农民工返乡创业"。因此，顺应农民对小康生活的美好期待，抓住时机，进一步加大对农村劳动力转移培训力度，大力发展劳务经济，对稳定和提高农民收入，开创社会主义新农村建设的新局面，具有十分重要的现实意义。

　　为便于实施劳动力转移技能培训，配合国家有关政策的落实，特别是针对开展以提高农村进城务工人员、就业与再就业人员就业能力和就业率为目标的职业技能培训，我们依据相应职业、工种的国家职业标准和岗位要求，组织有关专家、技术人员和职业培训教学人员编写了这套"易看懂、易学会、用得上、买得起"的全国农民工职业技能短期培训教材，以满足广大劳动者职业技能培训的迫切需要。

　　这套教材涉及了第二产业和第三产业的多个职业、工程，针对性很强。适用于各级各类教育培训机构、职业学校等短期职业技能培训使用，特别是针对农村进城务工人员培训、就业与再就业培训、企业培训和劳动预备制培训等，同时也是"农家书屋"的首选图书；在此，也欢迎职业学校、培训机构和读者对教材中的不足之处提出宝贵意见和建议。

编　者
2011 年 5 月

目 录

第一章 物业管理基础知识 (1)
第一节 物业管理概述 (1)
第二节 物业管理员的职业道德和基本素质 (10)
第三节 物业管理法律常识 (14)
第四节 房屋维修与保养管理 (22)
第五节 房屋维修管理 (29)
第六节 房屋养护管理 (35)

第二章 物业设备设施管理 (40)
第一节 物业设备设施管理概述 (40)
第二节 给排水管道与设施维修 (44)
第三节 供电设备设施的维修与管理 (49)
第四节 供暖设备设施的维修与管理 (55)

第三章 物业安全服务管理 (61)
第一节 物业治安管理 (61)
第二节 车辆与道路管理 (64)
第三节 消防管理 (70)

第四章 物业环境管理 (76)
第一节 物业环境管理 (76)
第二节 物业环境保洁管理 (78)
第三节 物业绿化管理 (82)
第四节 物业环境污染管理 (86)

参考文献 (91)

第一章　物业管理基础知识

第一节　物业管理概述

一、物业的概念与构成

物业一词在我国古已有之。《汉语大词典》中记载：宋朝李纲的奏章中即有"在京有物业者……"；元朝石子章《竹坞听琴·楔子》中有"将我那家私里外田产物业"；中国近代史资料丛刊《辛亥革命·洪全福起义档案》中也有"教堂教民物业"。在西方国家，"物业"的英语单词为"Estate"或"Property"，含义为"财产""资产""拥有物""房地产"等是一个较为广义的范畴，而本书所指"物业"则是物业的一种狭义范畴。

目前，尽管国内学术界、理论界及物业管理实际工作者对物业的定义尚未形成一致的认识，但一般都认为，所谓物业，是指已建成并投入使用的各类房屋及与之相配套的设备、设施和场地。

从物业的概念中可以看出，一个完整的物业，应至少包括以下4个部分：

（一）建筑物

即已建成并具有使用功能的各类供居住和非居住的屋宇及相关建筑。包括房屋建筑、构筑物（如桥梁、水塔等）、道路、码头等。

（二）设备

指与这些屋宇相配套的专用机械、电气等设备。如电梯、备用电源等。

（三）设施

指与这些屋宇相配套的公用管、线、路。如上下水管、消防、强电（供变电）、弱电（通信、信号网络等）、路灯，以及室外公建设施（如幼儿园、医院）等。

（四）场地

指开发待建或露天堆放货物的场地，包括建筑地块、庭院、停车场、小区内非主干交通道路等。

二、物业的主要类型

（一）根据物业使用功能不同分类

1. 居住物业包括住宅小区、单体住宅楼、公寓、别墅、度假村等。

2. 办公物业指供有关单位办公用的物业，一般是写字楼。

3. 商业物业包括综合楼、购物中心、宾馆酒店、康乐场所等。

4. 工业物业包括工业厂房、仓库、货场等。

5. 其他用途物业指除以上几种物业之外的物业类型，如交通运输、邮政通信、广播电视、医院、学校、体育场馆等。

（二）按物业所有权性质不同的分类

可划分专有产权物业和共有产权物业两种类型。其中，专有产权物业，又称独有物业，产权归一个业主所专有的物业；共有产权物业，包括两方共有、部分共有和全体共有产权物业。

（三）按物业的所有权人的多少来分类

可分为单一产权物业和多元产权物业等。其中，单一产权物业，即某物业的业主只有单个个人或单个单位，如过去单位所拥有的某栋住宅楼，产权归该单位所有。多元产权物业，即某物业的业主有多个个人或多个单位，如目前大部分新建的商品住宅小区。

长期以来，对什么是物业管理争论较多，在学术理论界没有统一的定义，当前主要是在一些地方性法规和部门规章中加以规范。2003年9月1日，国务院颁布的《物业管理条例》中对物业管理的定义为："物业管理是指业主通过选聘物业管理企业，由业主和物业管理企业按照物业服务合同约定，对房屋及配套的设施设备和相关场地进行维修、养护、管理，维护相关区域内的环境和秩序的活动。"

一般来讲，物业管理有下面几层含义：

1. 实施物业管理的企业必须是具备一定资质的法人经济组织。

2. 物业管理是通过提供有偿物业服务来获取经济效益的。

3. 物业管理是以合同、契约为中介的委托管理。

4. 物业管理是通过对物业及其设施设备的管理来为业主和使用人服务的。

三、物业管理的特性

住宅小区内居住着职业、信仰、习惯、阶层、经济收入、爱好情趣、文化程度、道德水准等都不相同住户，他们对居住环境的不同要求和居住行为当然就存在着各种各样的差异。而这些客观差异最终引发出物业管理的基本特性。

（一）层次性

与人的生活息息相关的物业管理也有着人的需求一样的层次性：

1. 满足业主的生理需求

业主对房屋的第一需求是居住。人类的生存、清洁卫生、餐饮睡眠、生儿育女、防盗、防风、防雨、防野兽侵扰等生活需求都要通过物业公司的管理服务来实现。安全、舒适的是人们安居乐业、生活安定的前提。

2. 满足业主的生活需求

为了满足业主的生活需求，物业公司为业主提供教育、学习、销售、健身、金融等多方面、多层次、全方位的消费服务，充分体现物业小区的服务功能。

3. 满足业主的心理需求

为了使业主得到精神上的享受和满足，物业管理公司为业主营造一个环境优美舒适、娱乐休闲设施齐全的私密性活动场所。在这里，人们可以发挥各自的专长和才智，充分展示自己的个性与美，以陶冶情操，增加情趣，联络友谊、沟通感情。

4. 业主发展的需求满足

物业管理公司要适应各类业主谋求发展的需要，就必须提供包括人际沟通和安静适宜的阅读、学习、工作、交往的场所，这有利于促进房屋的租售活动，拉动业主对小区的消费投入，活跃小区的经济，繁荣物业与小区。

（二）复杂性

住宅小区规划、设计、建设的统一性、系统性、功能的多样性、房屋结构与配套设施的整体性、产权多元化、异产毗连等因素的共同作用导致物业管理服务工作的复杂性。

（三）协调性

多座单体楼宇构成的小区房屋建筑系统的整体性、每栋楼房的地上建筑与地下建筑构成的完整性、区域内供水、排水、供电、各种热力、燃气管网互相连通成网络的系统性以及区域内绿化、道路设计规划的统一性，在相互交融与组合后，形成物业管理的高度协调性。

（四）收费的艰难性

由于产权形式的不同，导致物业管理服务经费的筹集渠道、物业管理收费的计算原则和费用收缴方式都不相同。物业管理服务是市场经济下的商业行为，是有偿的等价服务，而许多业主并没有形成这样的认识。因此，复杂的经费筹集渠道和人们滞后物业管理服务费缴纳观念都给住宅小区物业管理服务费用收取带来非常大的困难，使之更加艰难。

四、物业管理实务的基本内容

(一) 物业管理实务内容的多样化

1. 物业种类的多样性造成物业管理实务内容的多样化。物业从用途上看包括多种类型，不同类型的物业对管理服务的要求必然不一样，各有各的特点，各有各的侧重，这就造成了物业管理实务内容的多样化。例如，居住物业会增加延伸服务和文化活动等方面的内容，办公楼会提出消防安全、紧急疏散等方面的内容，医院会增加病人护理、综合服务、大型锅炉维保等方面的内容，观光隧道会增加礼仪服务、经营服务等方面的内容。

2. 物业管理的行业性质造成物业管理实务内容的多样化。物业管理是服务性行业，这一性质决定物业服务企业必须主动增加管理服务的内容，以差异服务、优质服务来满足业主的不同需求，通过不断地延伸服务、不断让业主满意来谋求经营规模的扩张，使企业得以生存和发展。这就促成了物业管理内容朝着多样化方向发展。

3. 不同时代、不同观念形成不同的物业管理实务内容。物业管理实务内容的多样化除了与物业种类的多样化、物业管理行业的特性相关外，还与不同时代、不同观念有关。在我国引入物业管理模式之前，大多数居住物业由房管所管理，住户是客，而房管所则是主人的代表，管理内容仅仅是房屋、设备、设施的维修和养护，小区环境卫生管理与绿化养护等。

引入物业管理之后，物业管理逐步形成企业化、专业化、社会化和市场化的管理体制，业主与物业使用人成了主人，而物业服务企业则是提供管理服务的企业，物业管理实务的内容随之有了本质的变化。物业服务企业除了要做好房屋、设备、设施的维修和养护，小区环境卫生管理与绿化养护之外，更要提供相应的管理服务，另外增加业主接待、礼仪接待、社区文化活动、物业档案资料等方面的管理服务。

如今，随着物业管理的市场化进程的加快，物业管理的理念也发生了根本的变化，特别是物业管理服务理念的形成和发展，使物业管理实务的内容又有了重大突破。物业服务企业除了提供公共性的专业服务外，还增加了大量非公共性的延伸服务，服务内容不断延伸，一个以服务为核心的现代物业管理模式正在形成。

（二）物业管理实务的基本内容

现代物业管理的核心理念应该是服务理念。在这个理念的指引下，物业管理实务的服务内容与传统的物业管理实务内容已经大不相同，物业管理法律法规所规定的管理内容成为现代物业管理行业服务中的基本内容，物业管理实务的内容应由公共性的专业服务和非公共性的延伸服务两大块组成，具体内容将随着我国物业管理的不断发展而不断延伸。

1. 公共性专业服务的内容

（1）业主服务　指物业服务企业为区域内业主提供的入住管理服务、装修管理服务、接待与联系服务、权籍管理服务、业主资料管理服务等。

（2）维保服务　指物业服务企业为区域内业主提供的房屋、设备、设施的运行管理服务、保养管理服务、维修管理服务和设备设施应急处理服务等。

（3）保安服务　指物业服务企业为区域内业主提供的安全防范服务（包括门卫值勤、安全巡视、安全监控与消防管理）、礼仪接待服务（包括保安礼仪值勤与礼仪接待）、车辆管理服务（包括泊位管理、停车管理与交通秩序管理）、保安应急处理服务（包括火警事故、治安事件、自然灾害事件）等。

（4）保洁服务　指物业服务企业为区域内业主提供的公共场地、公共环境、共用部位、物业外墙、幕墙玻璃的保洁，以及生活垃圾的收集、清运管理等服务。

（5）绿化服务　指物业服务企业为区域内业主提供的室外公共绿地养护（包括草坪、树木、花坛）、室内公共场所观赏植物养护

(包括观叶、观花植物）的管理服务等。

（6）接待服务　指物业服务企业为业主提供的大堂接待、前厅接待、会议接待、特殊客人接待、话务接待等方面的服务。

（7）应急服务　指物业服务企业为业主提供的区域内火警应急处理、停水应急处理、停电应急处理、水浸应急处理、电梯故障应急处理、治安事件应急处理、其他突发事件应急处理等方面的服务。

2. 非公共性延伸服务的内容

（1）代办服务　例如，物业服务企业在专业服务之外为业主提供的例如代订报纸杂志、代缴公用事业费、代办票务、代办假日旅游、代聘家政服务、代购简单物品等方面的非公共性服务。

（2）特约服务　例如，物业服务企业在专业服务之外为业主提供的诸如上门清洁、上门保安、上门维修、上门绿化、装潢监理、照看老弱病残、接送孩子上下学、驳运建筑垃圾等方面的个别服务。

五、物业管理的环节

根据在房地产开发、建设和使用过程中的地位、作用、特点及工作内容的不同，就单个物业服务企业来说，可以把物业管理工作划分为四个基本环节：物业管理的前期阶段、物业管理的启动阶段、物业管理的日常运作阶段和物业管理的撤管阶段。

（一）物业管理的前期阶段

物业管理前期阶段具体包括物业管理的招投标、物业管理机构的组建及前期介入等各个基本环节。

对房地产开发商和已成立的业主委员会来说，首先需要进行物业管理的招标，选聘合适的物业服务企业，然后才可能有具体的物业管理；对物业服务企业来讲，则首先需要参加物业管理的投标，取得项目的物业管理权以后，才能做好物业管理的准备并在适当的时候开始具体的物业管理工作。

一般来讲，物业管理的招标与投标需要做的基础工作就是编制与确定物业管理方案以及制定物业管理招标书或投标书，在这个前提下，进行招标或参与投标。在确定物业服务企业后，以下的各环节就由物业服务企业来进行。

(二) 物业管理机构设置与人员安排

就某一个物业项目而言，物业服务企业可能需要另行组建新的物业管理机构或物业管理处，通过这个机构来具体实施物业管理项目的管理。当然，在物业正式接管前，只需要组织成立管理层，临近物业正式接管时，再考虑安排作业层人员到位。

物业管理机构及岗位要根据所管物业的类型、规模及特点等具体情况来灵活设置。有关人员的选聘一要注意各工种的人员编制及应聘者的专业水平（是否有上岗证等），二要注意选聘的时间安排，急需的先招聘，不急需的后招聘。员工招聘后，还要注意组织培训，培训时间、培训内容、培训重点等要根据员工的具体情况及设置岗位的要求来确定。

(三) 规章制度的制定

规章制度一般包括内部管理制度和外部管理制度两个方面。内部管理制度中，最基本的制度就是员工管理办法，该办法主要包括劳动用工制度、员工行为规范、员工福利制度、员工奖惩制度以及岗位责任制等内容。外部管理制度是针对物业服务企业内部来说的，其主要内容有管理规约、住户手册、各项守则与管理规定等。

(四) 早期介入管理

早期介入管理的主要内容，包括物业服务企业对早期介入的准备以及在规划设计、施工监理、设备安装以及租售代理等阶段的介入与管理。早期介入不是整个物业务企业的全体介入，而是物业服务企业或者物业管理处的负责人与技术人员的参与。

(五) 物业管理的宗旨和作用

1. 物业管理的宗旨

物业管理是为物业所有人和使用人提供全方位、立体式的综合性管理和服务，其宗旨概括地讲就是"管理物业，服务业主"。通过物业管理使物业保持良好的运行状态，完善物业使用功能并促使物业的保值和增值；同时，通过物业管理服务，为业主和使用人营造一个能满足其喜好的舒适、安全而又宁静的生活、工作环境。物业管理属于服务行业，在物业管理全过程中要突出"服务"二字，寓管理于服务之中，在管理中服务，在服务中管理。

2. 物业管理的作用

物业管理是顺应房地产开发的发展而产生的，通过多年实践，物业管理活动在维护物业功能，为业主提供舒适安全的服务等方面发挥着重要作用，具体说明如表1-1所示。

表1-1 物业管理的作用

作用	相关说明
保值和增值作用	物业建成后，会受到自然环境和人为因素的影响而造成物业不同程度的损坏。推行社会化、专业化的物业管理，可以确保物业在整个使用周期内功能的正常发挥，使物业的寿命延长。专业化的管理维护、更新改造等还可以提高物业品牌和企业品牌档次，即使在市场比较疲软的情况下，也能招来顾客，实现物业的保值和增值
创造和保持安全、舒适、文明、和谐的生活与工作环境	物业是人们生活、工作、活动的基本场所，是人们休养生息的地方，物业管理的主要任务就是通过对物业的管理，为业主和使用人服务，为他们创造并维持舒适安全、文明和谐的生活和工作环境。这是社会稳定和人民生活水平提高的重要前提和保证，也是社会公德建设的一个重要内容

(续表)

作用	相关说明
有利于提高城市化、社会化和现代化水平	物业管理将分散的社会分工汇集起来，统一进行清洁卫生、治安保卫、园林绿化、水电保障和设施设备维修等，每个业主或使用人只需面对一家物业管理企业，就能将有关物业和服务事宜办妥。同时也培养业主和使用人的社会意识，促进了城市管理的社会化、专业化和现代化，推进了城市管理水平
拓宽劳动就业领域，增加就业机会	物业管理作为劳动密集型的服务行业，它涉及的范围很广，设施设备维修、治安保障、保洁绿化等需要大量劳动力，极大地拓宽了社会就业机会。可见，物业管理大大发展了第三产业，为解决城乡剩余劳动力就业问题提供了重要途径
有利于房地产开发和销售、租赁业务的发展	物业管理是房地产开发、建设、销售、租赁的延伸。鉴于房地产（物业）的固定性、使用期长的特点，业主和使用人在选购和租赁物业时，必然会关注该物业的管理水平。因此，良好的物业管理有利于推动房地产的销售和租赁业务的发展

第二节 物业管理员的职业道德和基本素质

一、物业管理员职业道德的基本内容

（一）职业思想

1. 市场观念

物业管理服务是社会中的市场经济作用下的产物。而随着经济的发展，物业管理服务作为一种特殊的商品，在市场中进行等价交换，接受市场公平竞争的考验。

2. 保值、增值观念

保值增值、延长物业寿命，是物业管理的社会职责。

3. 服务观念

物业管理服务是物业管理的软件保证，常常依赖于服务者的素质。因此，物业管理员要具有服务观念，提高自身素质，以便

能广泛地适应工作的需要。

4. 规划、设计、施工观念

物业的规划设计是物业管理的基础，是物业管理的硬件条件，而施工则是物业管理的实现。

5. 规模竞争的观念

在社会主义市场经济条件下，随着经济的产业化发展，竞争越来越立体化、全方位化、规模化。这种规模化竞争有利于社会的进步、技术的创新、资源的优化配置。

(二) 职业道德规范

1. 爱岗敬业

爱岗敬业是职业道德对物业管理员的基本要求，指对本职工作有一定的责任心，认真负责，能迅速、准确、细致和周到地完成工作。

2. 诚实守信

诚实守信是物业管理企业的整体形象的基础。具体表现在实事求是、坚守承诺和恪守合同三个方面。

3. 办事公道

办事公道是指物业管理员在同业主与非业主使用人及相关部门接触、联系中，根据自己的职责、相关的法律法规、政策制度来办事，客观而公道地处理各种纠纷。

4. 服务业主

服务业主是物业管理工作的本质要求，以"为人民服务"为灵魂。

5. 奉献社会

物业管理员在物业管理活动中要将各种效益综合起来考虑，把奉献社会和实现自我价值一起实现。

二、职业道德修养

(一) 职业道德修养的含义

物业管理员的职业道德修养，是指物业管理员在物业管理与服务过程中，在加深对物业管理的行为特性、准则认识的基础上，规范自己的言行，并形成良好的、能使大家满意的道德境界与水平。

（二）职业道德修养的具体表现

1. 加深对物业管理行业的认识。

2. 培养职业道德意识，树立坚定的职业理想、正确的职业态度和坚定的职业理念。

3. 全面提高自身综合素质。

三、物业管理人员的素质要求

物业管理人员是指对投入使用的房屋建筑及其附属设备、配套设施和场地进行经营管理，并向物业产权人和使用人提供多方面、综合有偿服务的人员。

（一）物业管理人员的素质要求（表1-2）

表1-2 物业管理人员的素质要求

管理目标	要求
具有社会主义觉悟和高尚道德	有主人翁意识；树立全心全意为人民服务的思想；作风正派、工作勤奋主动；具有一定的政治理论修养、法制观念；敢于改革、勇于创新
具有专业的知识和专业的技能	具有现代的管理知识；具有物业管理的专业技能；掌握现代管理手段
具有较高的个人素质	良好的语言表达能力；端庄的仪表仪容；良好的心理素质；健康的体魄

其中，尤其重要的是物业管理人员应当具有较高的个人素质，具体要求如表1-3所列。

第一章 物业管理基础知识

表1-3 物业管理人员的个人素质要求

要求	具体说明
语言表达和沟通能力	物业管理人员不仅是单纯管理物业，更主要的是要与人打交道。在物业管理中需要与业主和使用人打交道，需要与内部各类管理人员打交道，需要与各个相关部门打交道。这些工作中，如何准确地传送信息，如何交流思想，主要是靠语言来表达，没有恰当的语言是难以完成各项工作任务的。在与客户交流时应有自信心，注意目光交流，面带微笑有亲和力，音量、语速适中有节奏感，表达内容有条理，表述方法有新意，有幽默感，说话时间尽量控制好
个人形象	物业管理人员首先要有良好的心理素质和较强的承受能力、能够应对日常工作中遇到的各种问题。在与各种不同的人员打交道时，如何做到在复杂的情况下表现得自强、自信，这是非常重要的。遇到困难不畏惧，遇到挫折不动摇，取得成绩不骄傲，遇到失败不气馁。有坚韧不拔的意志，勇往直前的精神，具有一定的承受能力，这样才能创造出优异的业绩。同时，还要有端庄的仪表仪容得体的表情姿态，奋发向上的精神面貌，从而树立自己的良好形象，给人们带来信任感，让人们感到你有工作经验，有处理事情的能力。所以，对你要办的事情放心，并且愿与你共同去完成此工作
健康的体魄	身体是一切工作成功的保证。物业管理工作复杂，事情繁多，时间又不确定，要更好地为业主和使用人服务，没有强健的身体是不行的。要有强健的身体，就必须适度锻炼身体，把不规律的生活习惯规律化，把工作安排得有条有理

（二）物业管理人员的行为准则

1. 爱祖国、爱企业、敬业主、懂礼貌，齐心合力，致力于企业的发展，在工作中提高企业的名誉和信誉。

2. 严格约束自己，佩戴工作牌，注重仪表和行为，廉洁奉公，不谋私利，自觉遵守公司的各项条例和规章制度。

3. 业主至上，工作热情主动，急业主所急，供业主所需，为业主排忧解难，不允许与业主打骂。

4. 爱护公共财物，严禁私拿公物，注重公共设备的定期维护和保养，节约用水、用电，损坏公物照价赔偿。

5. 尊重上级，爱护下级，服从工作安排与调动，按时完成任务，不得无故拖延、拒绝或终止工作。

6. 严守公司秘密，不得向外界透露有关公司内部情况的公文、数据、统计报表、图纸和财务账目等资料。

7. 加强学习，不断钻研业务知识，提高自己的觉悟和修养。

8. 处事不卑不亢，一视同仁，与同事团结协作，以优质的服务换取业主的满意与微笑。

9. 谦虚谨慎，文明礼貌，做好业主的接待来访和答复工作，疑难问题要定期答复。

（三）物业客服管理员的岗位职责

1. 协助办公室主任具体组织实施质量管理体系运行的各项服务质量监督、考评、管理工作。

2. 具体负责办公室的日常工作，确保质量管理体系在本部门的正常运行。

3. 了解国家有关法律法规的最新动态，向公司领导及时汇报并组织落实工作。

4. 负责对文件和质量记录的归档管理。

5. 负责对常规合同的管理，监督管理公司档案。

6. 负责处理业主（住户）的投诉，并将情况总结上报上级领导。

7. 完成上级领导交办的其他工作。

第三节　物业管理法律常识

一、物业管理法规及其表现形式

物业管理法规，是指由国家特定权力机关制定或认可而具有普遍约束力，反映执政集团对物业管理社会秩序的利益要求与管控意志，并由国家强制力保证实施的，用来确定物业管理活动中各物业管理主体的地位、权利义务、行为及法律后果等的具体规则。

我国物业管理法规的表现形式多种多样，根据其制定机关的不同和法律规范效力的差异，物业管理法规的具体表现形式主要有：

第一章　物业管理基础知识

（一）宪法

宪法是国家的根本大法，由全国人民代表大会制定和修改，具有最高的法律效力。宪法是物业管理法律规范制定的基础和依据，宪法中有关土地所有、使用及公民财产权保护等方面的规定，是物业管理立法的基本依据和指导思想。

（二）法律

法律是由全国人民代表大会及其常委会制定颁布的规范性文件，其法律效力仅次于宪法，在全国范围内生效。此外，全国人民代表大会和全国人大常委会发布的具有规范性内容的决定和决议，也与法律具有同等效力。目前，没有专门调整物业管理关系的如《物业管理法》等法律。广义上，物业管理法律规范在法律这一层级涵盖在《民法通则》《物权法》《城市房地产管理法》《合同法》《公司法》《土地管理法》等的一些条文中。

（三）行政法规

行政法规是由国务院在法定职权范围内为实施宪法和法律而制定的有关国家行政管理的规范性文件，包括条例、规定、办法3种形式，其效力仅次于宪法和法律，也在全国范围内生效。此外，国务院发布的决定和命令，其中有规范性内容的，也与行政法规具有同等的效力。在国务院制定的行政法规、决定和命令中，其中有关物业管理的部分，是物业管理法律规范的具体表现形式之一。如《物业管理条例》《城市私有房屋管理条例》《城市房地产开发经营条例》《城市绿化条例》《消防条例》等。

（四）部门规章

部门规章是国务院所属部委根据法律和国务院行政法规、决定、命令，在本部门的权限内所发布的各种规范性文件，其效力低于宪法、法律和行政法规。国务院所属各部委在其职权范围内发布的有关物业管理的命令、指示、规章，也是我国物业管理法律规范的具体表现形式之一。如建设部《城市异产毗连房屋管理规定》（1989年）《城市新建住宅小区管理办法》（1994）《前期物业管理招标投标管理暂行办法》(2003)国家发改委、建设部联合发布的《物业服务收费管理办法》,公安部1992年第11号令发布的《高层居民住宅楼防火管理规则》等。

（五）地方性法规

地方性法规是由省、自治区、直辖市、全国人民代表大会特别授权的市及省会城市和经国务院批准的较大市的人民代表大会及其常务委员会根据本地区的具体情况和实际需要,在法定权限内制定发布的适用于本地区的规范性文件,其效力低于宪法、法律和行政法规。如1999年6月通过修改的《深圳经济特区住宅物业管理条例》等。

（六）地方政府规章

省、自治区、直辖市、省会城市和较大市的人民政府,可以根据法律、行政法规和地方性法规,制定地方政府规章,其效力低于同级权力机关制定的地方性法规。所制定并颁布的物业管理方面的规章,是物业管理法律规范在该层级立法的具体表现。如2001年3月23日发布的《广州市物业管理办法》等。

（七）司法解释

司法解释是根据最高司法机关对工作中具体应用法律问题所作的解释。这类解释包括最高人民法院作出的审判解释,最高人民检察院作出的检察解释,以及最高人民法院和最高人民检察院联合作出的解释。

（八）其他规范性文件

与物业管理活动相关的行政管理机关在其法定职权范围内制定的实施具体行政行为的具有约束力的规范性管理文件,具有法律效力。但如果与现行法律法规相抵触,则是无效的。

二、我国主要的物业管理法律规范及其内容

（一）《民法通则》

物业管理法律关系中民事法律关系占多数,民法是物业管理活动中最常用的法律规范。《民法通则》中常用的法律规定有:

1. 民事活动当事人地位平等，民事活动应当遵循自愿、公平、诚实信用的原则；

2. 公民（自然人）和法人民事权利能力和民事行为能力的有关规定；

3. 民事法律行为应当具备的条件，什么是无效的民事行为和可撤销可变更的民事行为及其法律后果，什么是代理，哪些情况属于无权代理等；

4. 物权的原则性规定以及规定了不动产的相邻各方如何正确处理截水、排水、通行、通风、采光等方面的相邻关系；

5. 承担民事责任的情况，违反合同的民事责任和侵权的民事责任的构成，承担民事责任的方式；

6. 诉讼时效的种类和期间，何为诉讼时效的中止、中断等。

（二）《合同法》

合同法作为调整平等民事主体之间的交易关系的法律，是我国民法的重要组成部分，也是物业服务合同签订双方必须遵守的法律规定。

《合同法》中常用的法律规定有：

1. 平等、自愿、公平、诚实信用、守法和尊重社会公德等基本原则；

2. 法律法规规定采用书面形式的，应当采用书面形式，如物业服务合同、房屋转让与租赁合同都应采用书面形式；

3. 合同生效的时间，无效合同、可撤销和可变更合同的法律后果等；

4. 在合同的履行过程中，当事人应当遵循诚实信用原则，合同生效后，当事人不得因姓名、名称的变更或者法定代表人、负责人、承办人的变动而不履行合同义务。此外还有关于合同履行抗辩权、代位权与撤销权的规定等。

5. 合同的变更、转让和终止的规定；

6. 违约责任的构成要件、违约行为的种类、承担违约责任的方式等内容。

(三) 物权法

2007年3月16日,《物权法》在我国第十届全国人大五次会议上通过。《物权法》分为总则、所有权、用益物权、担保物权和占有,共5篇19章247条。这部法律于2007年10月1日起施行。

《物权法》作为民法的重要组成部分,秉承了宪法"公民的合法的私有财产不受侵犯"的精神,是一部确认财产、利用财产、保护财产、调整财产关系的重要基本法。这部法律对其调整范围、原则、所有权、用益物权、担保物权、登记制度、物权的保护等作出了详细规定。此外,它还对相邻关系、共有、善意取得、拾得遗失物、发现埋藏物、占有等也相应作出了规定。

(四)《物业管理条例》

2003年5月28日,国务院第九次常务会议通过了《物业管理条例》(国务院第379号令),于2003年9月1日起施行。《物业管理条例》是我国第一部全国性物业管理行政法规,是物业管理从业人员执业最直接依赖的法律依据。2007年8月26日,国务院颁布《关于修改〈物业管理条例〉的决定》,对2003年颁布的《物业管理条例》(以下简称《条例》)作了进一步完善。

《条例》确定了一系列重要的物业管理制度,对业主及业主大会、前期物业管理、物业管理服务、物业的使用与维护等方面作了明确规定,并明确了相应的法律责任。《条例》的颁布施行,为维护物业管理市场秩序、规范物业管理活动、保障业主和物业管理企业合法权益提供了法律保障;对于促进物业管理健康发展具有十分重要的意义。

(五)《前期物业管理招投标管理暂行办法》

2003年6月26日,为了规范物业管理招标投标活动,保护招标投标当事人的合法权益,促进物业管理市场的公平竞争,建设部颁布了《前期物业管理招标投标管理暂行办法》（建住房［2003］130号）。

《前期物业管理招标投标管理暂行办法》的主要内容有：

1. 前期物业管理招标投标应当遵循的原则和监督管理机构；
2. 前期物业管理招标的组织实施方式和应该注意的问题；
3. 投标的程序和注意事项；
4. 开标过程的规定、评标委员会的组成方式、评标委员会委员的任职资格、评标结果的产生过程、注意事项和中标结果的通知与签约等。

（六）《物业管理服务收费管理办法》

为规范物业管理服务收费行为，保障业主和物业管理企业的合法权益，国家发展改革委员会、建设部根据《中华人民共和国价格法》和《物业管理条例》，制定颁布了《物业服务收费管理办法》（发改价格［2003］1864号），2004年1月1日起施行。

《物业服务收费管理办法》对全国的物业收费方式、物业服务成本，计算标准等作出了新规定，为指导和规范我国物业服务收费行为打下了很好的法律基础。与旧收费管理办法相比，该新管理办法提出了以下新的内容：

1. 明确物业服务收费实行政府指导价和市场调节价；
2. 引入了物业服务费用"酬金制"形式；
3. 明确物业专项维修资金使用范围；
4. 强调建设单位空置物业的交费义务。

三、物业管理法律关系的概念

法律关系是人们行为过程中在法律规范作用下形成的一种特殊的社会关系，是法律上的权利与义务关系。

物业管理法律关系是指物业管理法律规范调整人们在物业管理过程中形成的权利与义务的关系。

(一) 物业管理法律关系的含义

物业管理法律关系的包括以下几层含义。

1. 物业管理法律规范调整物业管理活动的结果

理顺物业管理中的法律关系是搞好物业管理工作的前提。依据有法可依、依法办事、违法必究的原则，用物业管理法律规范调整物业管理活动，才能形成物业管理法律关系。

2. 在物业管理法律规范调整之下的物业管理主体之间的社会关系

这种关系既包括业主管理委员会与物业管理公司之间的关系，也包括业主与业主之间的关系、业主与物业管理公司之间的关系、业主与业主委员会之间的关系，还包括上述各种主体与行政管理机关的关系。

3. 物业管理各参加主体之间的权利和义务关系

物业管理法律关系的内容是物业管理主体的权利和义务。如物业管理公司与房地产公司签订物业管理服务合同，那么只有双方在合同中享有的权利与承担的义务才是物业管理法律关系的内容。

(二) 物业管理法律关系的特征

物业管理法律关系有如下几个方面的特征。

1. 多重关系的共同组成。物业管理法律关系是人们在取得、利用、经营和管理物业的过程中形成的多重关系的组合，两者关系其中有主次之分。

2. 主体间的权利、义务既有平等主体间的民事关系，又有不平等主体间的行政管理关系。

(三) 物业管理法律关系与物业管理法律规范

物业管理法律关系是物业管理法律规范与现实生活发生联系的途径，物业管理法律规范正是通过物业管理法律关系实现其调整一定社会关系的目的。

1. 物业管理法律规范是物业管理法律关系产生的前提

没有相应的物业管理法律规范，就不可能产生物业管理法律关系。如业主与业主之间的友谊关系、业主与业主之间的爱情关系等一般不受法律调整，不存在相应的法律关系。

所以，可以说作为物业管理法律关系产生前提的物业管理法律规范，可以保证各种具体物业管理法律关系的建立都必须有严格的法律根据，并进而保证全国物业管理法律规范的统一实施。

2. 物业管理法律关系是物业管理法律规范实现的特殊形式

物业管理法律规范属于可能性的领域，而物业管理法律关系则属于现实性的领域。同时，物业管理法律规范总是针对同一类情况、同一类人而制定的，物业管理法律关系则是在某一具体情况下具体的权利人与义务人之间所结成的具体的权利与义务关系。因此，物业管理法律关系是抽象的物业管理法律规范的具体形式。

（四）物业管理法律关系的种类

物业管理法律关系可以根据不同的标准进行分类。

1. 根据物业管理法律关系主体的相互地位，物业管理法律关系分为民法关系等法律关系主体平等而没有隶属关系平权的物业管理法律关系和主体之间是相互隶属的隶属的物业管理法律关系。

2. 根据物业管理法律关系具体化程度的不同，物业管理法律关系分为关系的主体是不具体的个人、社会组织或国家机关的一般物业管理法律关系和关系主体是具体的个人、社会组织或国家机关的具体物业管理法律关系。

3. 根据主体的具体化程度的不同，具体物业管理法律关系分为绝对物业管理法律关系和相对物业管理法律关系。如在绝对物业管理法律关系的房屋所有权关系中，主体的一方是具体的所有权人，而另一方则是不具体的一切义务人。而在相对物业管理法律关系商品房销售合同的债权关系，作为主体的债权人与债务人都是具体的。

第四节 房屋维修与保养管理

一、房屋建筑的基本知识

一幢建筑一般由基础、墙或柱、楼地层、楼梯、屋顶和门窗等6大部分所组成，如图1-1所示。

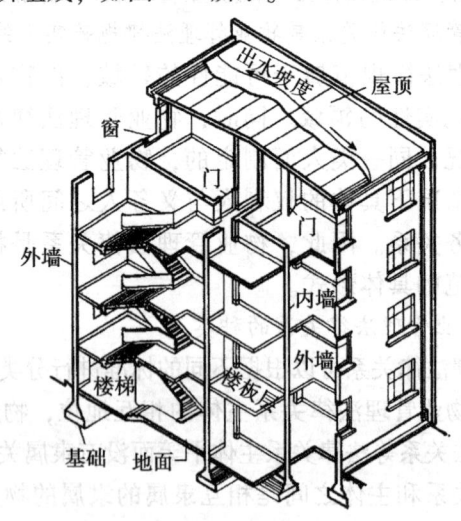

图 1-1 房屋的组成

（一）基础

基础是位于建筑物最下部的承重构件，它承受着建筑物的全部荷载并将这些荷载传给地基。

（二）墙

墙是建筑物的承重和维护构件，作为承重构件，它承受着建筑物屋顶及各楼层传来的荷载，并将这些荷载传给基础。作为围护构件，外墙起抵御自然界各种因素对室内侵袭的作用；内墙起分隔房间的作用。门窗洞孔上要设置一根过梁。过梁的形式有木过梁、砖过梁、钢筋混凝土过梁、型钢过梁等。窗洞孔下有窗台,窗台是泄水构件,主要是为了防止雨水聚集在窗下槛渗入室内。

外墙体的下部是墙脚,包括勒脚、明沟、散水等,如图1-2和图1-3所示。勒脚的主要作用是保护近地墙身不因外界雨雪侵袭而破坏,也能防止外界机械性破坏,同时又有美观效果;明沟位于外墙四周,其作用是将通过雨水管流下的屋面雨水导向集水口后流入下水道;散水是指外墙四周地面做成向外倾斜的坡道,当屋面采用自由落水方式排水时,将屋面雨水排至远处,保护墙基不受雨水的侵蚀;当屋面采有组织排水时,也可采用散水。

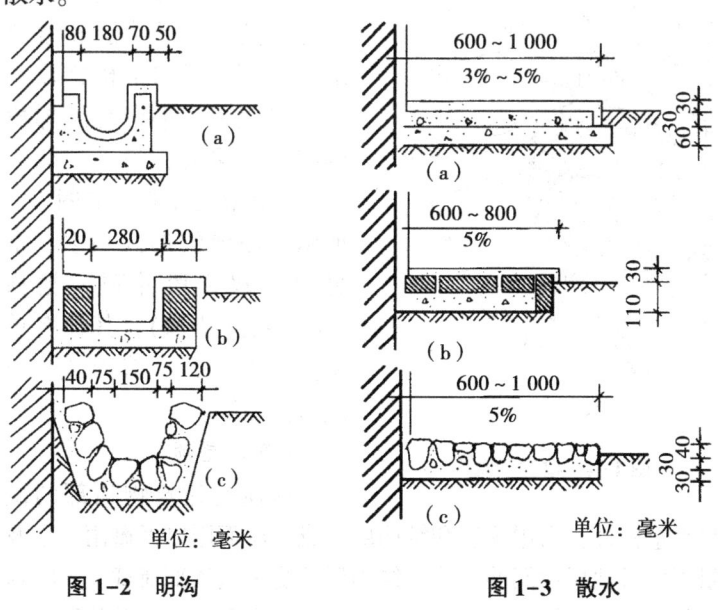

图1-2 明沟　　　　　　图1-3 散水

(三) 楼地层

楼地层是楼房建筑中水平方向的承重构件,有楼板房和地面之分。楼板层承受着家具、设备和人的重量,并将这些荷载传给墙或柱,同时还对墙起着水平支撑作用。地面承受着首层房间的荷载。

楼地层由面层和基层构成，面层直接承受各种摩擦和冲击；基层是承受荷载作用的结构层。地面层做法有水泥砂浆地面、细石混凝土地面、铺贴地面、木地面等，其主要的区别就是饰面材料不同。

楼板层另一个主要构造是顶棚。顶棚有抹面顶棚和吊顶顶棚两种。抹面顶棚是指直接对楼板底部抹灰或喷浆；吊顶顶棚是指龙骨结合饰面板的做法。

（四）楼梯

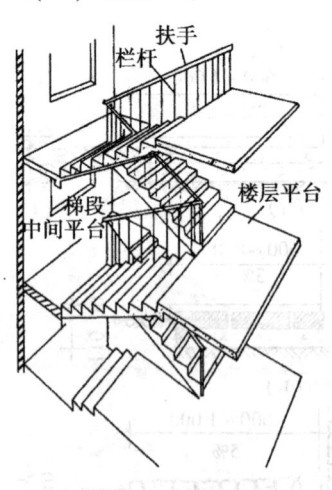

图1-4　楼梯示意图

楼梯是楼房的垂直交通构件，供上、下楼层和紧急疏散之用。楼梯由楼梯段和平台段组成，平台是当梯段的踏步较多时，为了消除疲劳，供休息的平板，如图1-4所示。楼梯的形式很多，常见的有双梯段并列式楼梯（又称双跑楼梯），其他有单梯段、三折式、剪刀式、螺旋形楼梯等。

（五）屋顶

屋顶是建筑物顶部的围护和承重构件，由屋顶层和结构层构成。屋面用以抵御雨、雪及太阳辐射对顶层房间的影响；结构层承受房屋顶部荷载，并将这些荷载传给墙式柱。屋顶的首要功能是防水和排水，其他因要求不同而异，如寒冷地区要求御寒保温，炎热地区要求隔热降温。屋顶防水和排水是靠建筑材料经过构造组织而形成的。

屋面的排水方式通常分为无组织和有组织排水两类。无组织排水是屋面伸出外墙，形成挑檐，使屋面的雨水经挑檐自由下落；有组织排水比较常用，这是在屋面做出排水坡度，把屋面上的雨雪水有组织地排到天沟或雨水口，通过雨水管排泄到地面，在地面可通过明沟集水井排到地下的排水系统中排除。

屋顶一般按排水坡度的不同分为坡屋顶和平屋顶两大类。坡屋顶有瓦屋面和波形瓦屋面两种。瓦屋面有模压平瓦、小青瓦、筒板瓦、平板瓦、石片瓦屋面等；波形瓦屋面有石棉水泥波瓦、镀锌铁皮波瓦、钢丝网水泥大波瓦、木质纤维大波瓦、玻璃钢波瓦屋面等。平屋顶是保温、防水等建筑构造完成后再造的，屋顶坡度很小，满足排水要求即可。屋面另一个建筑构造，是防水层和保温层。防水层有油毡防水和刚性防水等；保温层常用的保温材料有炉渣、膨胀珍珠岩、膨胀蛭石板以及加气混凝土块等。

（六）门窗

门供内外交通和隔离房间之用；窗主要是供采光和通风之用，同时又有分隔和围护作用。它们都是非承重构件。

门窗按照材料不同划分为木门窗、钢门窗、铝合金门窗、塑钢门窗等。窗的开启方式主要有平开窗、横式旋窗、立式转窗、推拉窗、百叶窗等。门的开启方式主要有平开门、弹簧门、推拉门、折叠门、转门、上翻门、升降门、卷帘门等。门和窗的结构如图 1-5 和图 1-6 所示。

二、房屋结构的基本知识

建筑物中起支撑荷载和骨架作用的部分叫做结构。建筑按照承重体系的不同分为砖混结构、框架结构、框架—剪力墙结构、框筒结构、纯剪力墙结构、钢结构等。房屋结构如图 1-7 所示。

房屋主要由以下几部分组成

（一）基础部分

不论房屋高低、体态大小、装修精简、年代久远如何，每一幢房屋总离不开基础。基础是房屋的根，支撑整幢房屋立足于大地。根据房屋的高低、体态大小、使用功能的不同，房屋的根——基础有深有浅、有大有小。

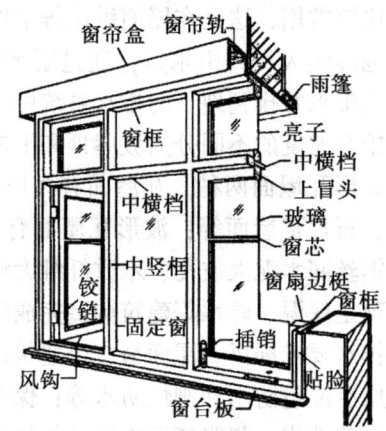

图 1-5 窗的结构示意图

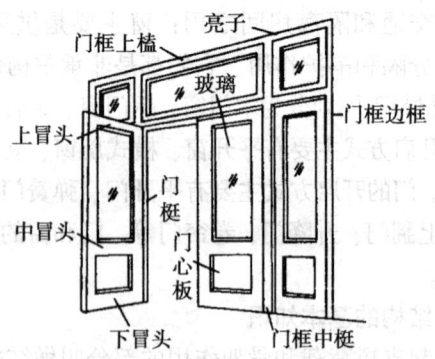

图 1-6 门的结构示意图

基础是建筑物的最下部分,埋在自然地面以下,它与土层直接接触,承受建筑物的全部荷载,并将这些荷载连同自重传给地基。地基就是基础下面承受建筑物全部荷载的土层。所以,基础起着承上传下地传递荷载的作用。因此对基础的基本要求是坚固、稳定,能够抵抗冰冻、地下水与化学物质的侵蚀等。

(二) 墙身部分

墙身犹如大树的树干,它下连接着树根(基础),上支撑着

第一章 物业管理基础知识

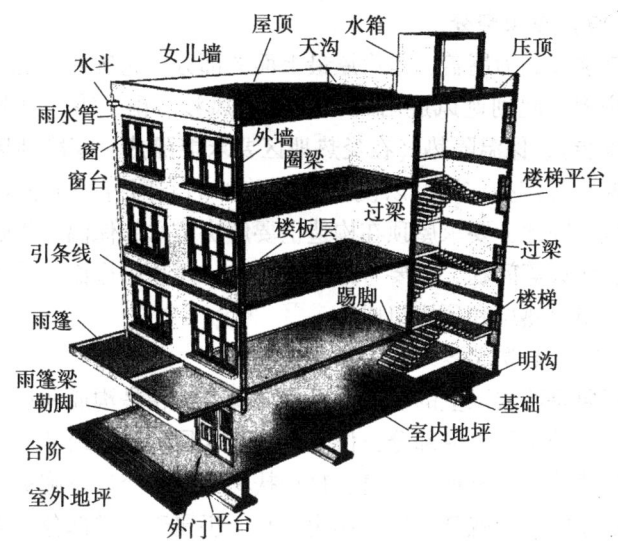

图 1-7 房屋构造组成

树枝、树冠（楼层、屋顶），起着"顶天立地"的作用。墙体和柱均是组成建筑空间的竖向构件，是整幢房屋建筑的主体部分，对建筑物的使用、造型、造价等都有很大的影响。尽管墙身其表现形式各不相同，但墙身通常起着承重、围护、分隔、美观等作用。

（三）楼面、地面部分

楼板层是建筑物水平方向的承重构件和分隔构件，楼板将整个建筑物分成若干层。它承载上面的荷载，并将这些荷载连同自重一起，传给墙或柱，同时还对墙身起着水平支撑作用。

房屋底层的地坪称为地面，二楼以上的每一层面称为楼面。楼面、地面把房屋在垂直方向分隔成不同的楼层，增加了人们对室内的空间利用，同时楼面、地面对墙体也起到了支撑和稳定的作用。

(四)屋顶部分

屋顶又称为屋盖,是房屋最上面的部分。它犹如树冠覆盖着整幢房屋,起到遮风避雨(用以防止风沙、雨、雪、日晒对室内的侵袭)、保温隔热(在炎热地区要求能隔热,寒冷地区要求能保温)等围护作用,以使屋顶覆盖下的空间有一个良好的使用环境。因此,要求屋顶在构造上要解决防水、保温、隔热以及隔声、防火等问题,还要考虑美观要求。屋顶由屋面、承重结构层、保温隔热层和顶棚组成。

(五)楼梯部分

只要是两层以上的房屋都设有楼梯。楼梯是沟通和连接房屋上下部分的重要组成部分,供人们上下楼层和紧急疏散之用。虽然现代建筑中,电梯、坡道、自动扶梯等上下交通设施被广泛运用在房屋中,但就其性质和作用,它们仍属于楼梯部分,即便在使用过程中电梯很大程度上取代了楼梯,但楼梯仍然被保留在房屋内,因为从防火和安全疏散等角度考虑,楼梯仍然起着沟通上下楼层联系的交通作用。为此要求楼梯留有足够的通行宽度和疏散能力,以满足通行顺畅、行走舒适、坚固安全、造型美观和施工方便等要求。

(六)门窗部分

门窗是任何一幢房屋不可缺失的部分,起着内外沟通、空间交流、感知彼此的交通联系和围护作用。门的主要作用是交通联系、分隔不同建筑空间和安全疏散,同时也兼有采光和通风作用。窗的主要功能是采光、通风、日照和眺望,同时也是围护结构的一部分。此外,门窗的大小、比例尺度、位置、数量、材料、造型、排列组合方式等对建筑的造型和装饰效果都会产生一定的影响。

第五节 房屋维修管理

一、房屋维修的概念

房屋维修目的主要是为了恢复、保持和提高房屋的使用功能。狭义的房屋维修仅指物业服务企业对房屋的维修和养护；广义的房屋维修则还包括对房屋的改建。

对于新建物业，房屋维修可以对建设过程中的设计施工缺陷采取补救措施，以保障住用安全和正常使用。对于现有物业，其在使用过程中产生的自然损毁和人为损坏必然导致使用功能的降低或丧失，及时有针对性地进行维修，可以维持和恢复房屋原有质量和功能。而对物业进行改建或改造，可以提高其使用功能。有时为改善居住条件或满足住用户的特殊需要，也要进行特殊的房屋维修。

二、房屋损坏的主要原因

房屋建成交付使用后，随着使用时间的推移，会发生不同程度的损坏。房屋的损坏包括外部损坏和内部损坏。外部损坏是指房屋的外露部位，如屋面、外墙、勒脚、外门窗和防水层等部位的污损、起壳、锈蚀及破坏等现象。内部损坏是指房屋的内部结构、装修、内门窗、各类室内设备的磨损、污损、起壳、蛀蚀及破坏等现象。

导致房屋损坏的原因是多方面的，基本上可分为自然损坏和人为损坏两大类。

（一）自然损坏

自然损坏的速度缓慢，但有时是突发性的，其损坏因素主要有以下几个方面。

1. 气候因素

房屋因长期经受自然界的风、霜、雨、雪和冰冻的袭击以及空气中有害物质的侵蚀与氧化作用，会对其外部构件产生老化和风化的作用，会使构件发生风化剥落，质量引起变化，从而发生损坏。

2. 生物因素

主要是指由于虫害（如白蚁等）、菌类（如真菌）的作用，使建筑物构件的断面减少、强度降低。

3. 地理因素

主要是指由于地基土质的差异引起房屋的不均匀沉降，以及地基盐碱化作用引起房屋的损坏。

4. 灾害因素

主要是突发性的灾害，如洪水、火灾、地震、滑坡、龙卷风等所造成的损坏。

(二) 人为损坏

人为损坏是相对于自然损坏而言的，主要有以下几种情况。

1. 使用不当

由于人们在房屋建筑物内从事生产或生活活动，生产设备、生活日用品的摩擦、撞击的频率、使用的合理程度等都会影响房屋的寿命。不合理的改装、搭建，不合理的改变房屋用途、周围设施等影响，均会使房屋遭受破坏。

2. 设计和施工质量的低劣

这是先天不足，房屋在建造或施工时，由于设计不当，施工质量差，或者用料不符合要求等，影响了房屋的正常使用，加速了房屋的损坏。

3. 预防保养不善

有的房屋和设备，由于没有适时地采取预防保养措施或者修理不及时，造成不应有的损坏或提前损坏，以致发生房屋破损或倒塌事故。

物业住用期间，往往是以上几种因素交互、综合发生作用，从而加剧了房屋的损坏程度和损坏速度。及时进行维修，恢复物业的正常质量和使用功能是非常必要的。

三、维修项目的标准

维修标准按主体工程，门窗及装饰工程，楼地面工程，屋面工程，抹灰工程，油漆粉饰工程，金属构件及其他等 8 个分项工程进行确定。

1. 主体工程

主要指屋架、柱、楼面、屋面、基础等主要承重构件的维修。当主体结构损坏严重时，不论哪一类房屋，均要求牢固、安全，不留隐患。

2. 木门窗及装修工程

木门窗应开关灵活，不松动，不透风；木装修应牢靠、平整、美观、接缝严。一等房屋应尽可能做到原样修复。

3. 楼地面工程

楼地面工程的维修应牢固、安全、平整、不起沙、拼缝严密不闪动、不空鼓开裂，地坪无倒泛水现象。如房间长期处于潮湿环境，可增设防潮层；木基层楼面损坏严重时，应改做钢筋混凝土楼面。

4. 屋面工程

屋面工程必须确保安全，不渗漏，排水畅通。

5. 抹灰工程

抹灰工程应接缝平整，不开裂、不起壳、不起泡、不松动、不剥落。

6. 油漆粉饰工程

油漆粉饰要求不起壳、不剥落、色泽均匀，尽可能保持与原色一致。对木构件和各类铁构件应进行周期性油漆保养，各种油漆和内、外墙涂料以及地面涂料，均需保养，应制定养护计划，达到延长房屋使用年限的目的。

7. 金属构件

应保持牢固、安全、不锈蚀，损坏严重的应更换，无保存价值的应拆除。

8. 其他工程

庭院、院墙大门、院落内道路沟渠下水道，损坏或堵塞的，应修复或疏通。

四、房屋修缮的内容

房屋修缮是指物业管理者为了维持物业的正常使用状态，而对房屋结构、装修及设备部分所受磨损实施的修复性工作，有时也称为房屋维修。房屋修缮可以按照修缮规模或物业完损情况的不同分为小修、中修、大修、翻修及综合维修。

（一）房屋小修

在房屋维修工作中，凡是为修复房屋的小损、小坏，维持房屋原来的使用状态及完损等级为目的所进行的零星养护项目均称为房屋的小修项目。房屋小修工作的特点是面广量小，工作时间短及人力、物力消耗少。小修项目的综合年均费用为房屋造价的1%以下。

房屋小修的范围包括建筑物及设备两个方面。建筑物部分主要包括建筑物的结构及装修；设备部分则包括诸如电梯、水泵、空调、消防、报警、监控及共用天线等设备或设施。房屋小修工作一般时间较短，修复时间一般为3天至1周，最多不超过半个月。房屋的小修项目一般比较繁多，建筑物的小修项目主要有以下几种：

（1）屋面补漏、换瓦、屋脊、泛水的整修，屋面裂缝修补，修复或拆改天窗等；

（2）墙体局部修补、局部粉刷，楼地面修补及局部新做，天棚、雨篷、墙裙、踢脚线的修补、刷浆等；

（3）室内外给排水管道的疏通及局部更换，明沟、散水、窨井、化粪池等的清理，井盖、井圈的修配等；

（4）门窗的维修及局部更换，玻璃、五金等的装配，屋架加固，楼梯扶手、栏杆及细木装修的加固及部分拆换等；

（5）卫生洁具的修补及部分拆换，水嘴、阀门等的整修、拆换、水箱的修理、清污等；

（6）灯座、电线、开关的修换及故障排除，配电箱、板、盘的修配及部分调换，电表的修理及调换等；

（7）门窗、楼地面、墙面的补漆等；

（8）其他小修项目。

在物业管理实务中，房屋的小修是与房屋保养工作分不开的，房屋的小修、养护往往是同时进行的。因此，在讨论房屋养护的过程中同时讨论了零星养护的内容。

（二）房屋中修

房屋中修是指需牵动或拆换少量主体构件，但仍保持原房屋的规模和结构的维修项目。房屋中修主要适用于一般损坏房屋，中修的一次费用一般占该房屋同类结构新建造价的 25% 以下。房屋中修的范围同样包括房屋的建筑物及设备两个部分，涉及房屋的结构、装修及设备三个方面的破损修复。

（1）整幢房屋的门窗整修，楼地面、楼梯维修及油漆，墙面的重新粉刷等；

（2）整幢房屋的上下水管道、通风采暖设备管道、电气照明线路等的全面修复或局部更换、更新，供配电系统的整修或局部更换、改装等；

（3）整幢房屋的卫生洁具的整修及局部更换、更新，整幢房屋的所有水嘴、阀门、水箱等零部件的更换、更新；

（4）对房屋结构某个单项的修复或改善；

（5）其他中修项目。

事实上，房屋的中、小修理是很难明显划分的，一般通常以维修工程量的大小及维修费用的多少来区分。在房屋中修过程中，也包括了多种类型的小修项目。

（三）房屋大修

房屋大修是指需牵动或拆换部分主体构件，但不需要全部拆除的维修工作。房屋的大修主要适用于严重损坏的房屋。大修的一次费用占同类结构房屋新建造价的25%以上。房屋大修的范围同样可以包括房屋的结构、装修及设备三个方面的全面修复或改良,主要包括:

1. 整幢房屋的重新装修,可以包括全部门窗、内外墙及楼地面的重新装修或改善;

2. 整幢房屋的水电、通风采暖、电梯及其他共有设施的全部或部分更换或改善;

3. 房屋主体结构的加固修复,如抗震加固等;

4. 房屋部分建筑物的改建;

5. 其他大修项目。

同样,房屋的大修、中维修的区分也是相对的,实际房屋大修过程中包括了中修、小修理工作,甚至可以是它们的组合或规模的扩大。

(四) 房屋翻修

房屋翻修是指需全部拆除、另行设计、重新建造的改造工程。其工程量及所需费用很大,但房屋翻修的费用一般均低于同类结构重新造价,这是因为房屋翻修可尽量利用原有旧料或设备。房屋翻修一般适用于主体结构严重破坏、丧失正常使用功能、有倒塌危险且不能通过一般维修恢复的或无维修价值的房屋。

房屋翻修一般需拆除所有的建筑物,当然包括拆除全部的结构、装修及设备,主要包括:

1. 对检测评定为危险房屋实行的全面重建;

2. 对房屋功能丧失,无利用价值,且不能维修恢复房屋的拆除重建;

3. 对地处易滑山坡无安全性房屋的拆除、重建;

4. 对无维修价值简易房屋的拆除、重建;

5. 其他情况。

房屋的翻修与大修、中修、小修的区别明显,所以对它们的区分比较容易，但房屋翻修的情况相对较少。

（五）房屋的综合维修

房屋的综合维修是指对成片多幢房屋同时进行大、中、小维修工作。其工作面广量大，一次费用一般为同类结构的该片房屋新建造价的20%以上。

房屋的综合维修从维修规模上看，可以作为大修项目的范畴，但其对房屋无完损程度的限制，即综合维修可以对各种完损情况的成片房屋同时进行。

不可忽视的是，房屋的不同维修形式有不同的修复要求，通常仍用修复后的房屋完损情况来表示。小修后要求能够保持房屋原来的完损等级；中修要求修复后房屋的完好率达到70%以上；大修后房屋须达到基本完好房屋的要求；翻修后房屋须符合完好房屋要求；综合维修后的房屋须符合基本完好或完好房屋的要求。

第六节　房屋养护管理

一、房屋日常养护的含义

房屋日常养护是指物业服务企业为确保房屋的正常使用所进行的经常性、持续性的经常性小修养护和零星修理工作。它是物业服务企业对房屋业主、使用人最直接、最经常的服务工作。

二、房屋的维修养护周期

根据房屋普查完好率鉴定记录和历年维修记录的统计分析，了解房屋各项目损坏的规律，从而确定房损维修的期限，在此期限内进行日常养护，可以延长物业的使用寿命，推迟综合维修的时间，节约维修资金。

民用房屋维修养护周期分为一般项目的维修周期和全项目或多项目损坏最佳综合性大修周期。一般项目的维修周期是：

1. 瓦屋面及外墙粉刷损坏决定于屋脊、泛水和外粉刷砂浆的强度和耐水性。目前一般使用水泥砂浆，可保持在15年左右。

2. 平屋面的损坏决定于防水层的材料和施工质量以及水泥砂浆的强度，按目前沥青油毡的防水层，可保持 5~8 年。

3. 坡屋面和平屋面的计划养护或中修周期为 3 年。

4. 外门窗计划检修及油漆保养周期，为 5~6 年。

5. 外墙粉刷维修保养周期，为 5 年左右。

6. 水电设备计划维修保养周期，为 6~8 年。

7. 室内一般项目的计划养护、检修周期，为 6~8 年。

三、房屋日常养护的类型

房屋日常养护可分为零星养护和计划养护。

（一）零星养护

房屋的零星养护修理，指结合实际情况确定或因突然损坏引起的小修，包括：屋顶漏（补漏）、门窗整修养护、修补地面及内外墙、拆砌挖补局部墙体和拆换个别过梁（拱圈）、更换房屋木质结构破损部分、水卫、电气、暖气等设备的故障排除及零部件的修换及下水部分疏通、修补、对房屋的危险构件的临时加固、维修等。

（二）计划养护

因房屋的各种构、部件均有其合理的使用年限，而应该订立科学的大修、中修、小修 3 级修缮制度，按计划进行检查和维护，以保证房屋的正常使用，延长其整体的使用寿命。

四、房屋日常养护的具体内容

（一）地基基础的养护

地基是支撑建筑的最基本部位，其上部结构使用荷载不能超过设计荷载，不能在基础附近的地面堆放大量材料或设备，防止地基由于附加压力增加而产生附加沉降。

地基浸水会使地基基础产生不利的工作条件，所以要加强对房屋内部及四周排水设施进行管理与维修。特别要防范勒脚破损或严重腐蚀剥落，以免防水功能失效而产生基础浸水的直接后果。

在季节性冻土地区，冬季要注意基础的保温工作。尤其是与地基基础较近的地下室，应在寒冷季节将门窗封闭严密，防止冷空气大量侵入，并应增加其他的保温措施。

（二）楼层地面工程的养护

经常用水房间需防水，厨房、卫生间等除注意保护楼地面的防水性能外，还要加强对上下水设施的检查与保养，防止管道漏水、堵塞，以免造成室内长时间积水而渗入楼板，导致侵蚀损害。

保持室内良好的通风条件，预防因潮湿环境中容易发生对建筑材料不利的化学反应而变性失效，如腐蚀、膨胀、强度减弱等。建筑虫害分泌物的腐蚀会造成房屋结构的根本性破坏，所以要定期检查房屋死角和地毯下面建筑虫害喜欢藏身的地方，及时清除虫害。

现代许多装饰材料多为有机物质组成的，常在适宜的条件下产生大量有害物质，既危害人的身心健康，又不利于消防安全。所以，在选用有机装饰材料时，必须对它所能产生的副作用采取相应的控制与消除措施。

（三）墙台面及吊顶工程的养护工程

墙台面及吊顶是房屋装修工作的主要部分，由于工序多，所选的材料性能、性质的不同，对于可能出现的问题，要采取适当的养护措施。定期检查一般每年不少于1次。

墙台面及吊顶工程经常与其他工程相交叉，在其相接处要处理好防水、防腐、防胀。经常保持墙台面及吊顶清洁，在进行清洁时，需根据不同材料的性能，采用适当的方法，特别要注意防水、防酸碱腐蚀等，杜绝在清洁时人为造成污染或腐蚀。在施工过程中动作要规范，防止由于操作不当和失误，擦、划、刮伤、撞击墙台面。在遇有潮湿、油烟、高温、低湿等非正常施工环境时，要注意墙台面及吊顶材料的性能，防止处于不利环境而受损。因墙台面及吊顶工程中，各部件的使用寿命不同，为保证整体使用寿命最大化，可通过合理配置，使各工种、各部件均能充分发挥其有效作用，并根据材料部件的使用期限，及时予以更换。

(四) 门窗工程的养护

门窗是保证房屋使用正常、通风良好的重要途径，又是房屋中使用频率较高的部分，在使用时，应轻开轻关，严禁踢踹、摔打；大风雨雪天气，要及时关闭门窗，并加以固定；严禁撞击或悬挂物品，以防门、窗扇变形，关闭不严或启闭困难。如发现门窗变形或构件短缺失效等现象，应及时修理或申请处理。对于使用中损耗较大的部件应定期检查更换，需要润滑的轴心或摩擦部位，要经常采取相应润滑措施。

禁止在窗台上放置易对窗户产生腐蚀作用的物体，北方冬季还应注意室内采暖设施与湿度的控制，使门窗处于良好的温湿度环境中，避免出现凝结水或局部过冷过热现象。

(五) 屋面工程维修养护

屋面工程维修在房屋中的作用主要是维护、防水、保温（南方为隔热）等。非上人屋面一般每季度清扫1次，将堆积垃圾、杂物、青苔、杂草、积水或积雪及时清除掉。上人屋面在使用与清扫时，应注意保护重要排水设施和防水关键部位。定期组织专业技术人员对屋面各种设施的工作状况按规定项目内容进行全面详查，并填写检查记录。在定期检查、养护的同时，还要根据屋面综合工作状况，制订全面的小修、中修或大修的计划，严格按操作规范进行维修和养护。

加强屋面使用的管理上人屋面增设各种设备，首先要保证不影响原有功能（包括上人屋面的景观要求），其次要符合整体技术要求。采用合理的构造方法与必要的保护措施，以免对屋面产生破坏或形成其他隐患。屋面工程检查与维修养护都必须由专业人员来负责完成，为能充分保证达到较高的技术水平，更有效地做好屋面工程养护工作，必须建立起一支由较高水平专业技术人员组成的维修保养队伍。

(六) 通风道的养护管理

通风道在房屋建设和使用过程中都是容易被忽略而又较容

第一章 物业管理基础知识

易出问题的部位，因此对通风道的养护管理应该作为一个专项格外加以重视。在室内安装抽油烟机和卫生间通风器时，必须使用专用工具小心细致地操作，不得乱打孔，乱凿墙壁，以免对通风道造成损害，影响正常使用。不要往通风道里扔砖头、石块及其他杂物。更不允许在通风道上乱挂东西，影响通风功能正常发挥。物业管理或负责维修养护部门，每年应逐户对通风道的使用情况进行定期检查。发现不正确的使用行为要及时制止并监督加以更改，发现损坏要认真记录，及时予以修复。

（七）垃圾道的养护管理

垃圾道由通道、垃圾斗、底层垃圾间及出垃圾门等部分组成，在民用住宅中普遍设置。由于垃圾道是公用设施，又是藏污纳垢的地方，必须及时检查，保障畅通。

平时养护时要指定专人负责垃圾清运，时刻保持垃圾道通畅。搬运重物时要避免碰撞垃圾道，切不可用重物敲击垃圾道，以免造成损毁，影响正常使用。体积较大或长度较长的垃圾不要倒进垃圾道，如出现堵塞时应尽快组织人员疏通。垃圾斗、出垃圾门每两年要重新油漆一遍，防止锈蚀。如垃圾道出现小的破损要及时用水泥砂浆或混凝土修补，防止其扩大损坏面。

房屋设备是建筑的有机组成部分。它只有与房产物业密切配合，才能充分发挥房产物业的功能和作用。可以说，房屋建筑如果没有附属设备，几乎不会有真正的使用价值。因此，在物业管理中，房屋的设备管理是极其重要的组成部分，占据核心地位。房屋设备的养护、维修管理是物业管理不可或缺的重要内容。

房屋设备管理的好坏直接影响房屋的住用水平，并反映物业管理工作的水平和质量。物业管理人员必须充分认识设备在物业管理中的作用（尤其对房屋建筑），全面了解和掌握所管辖区内的各种设备设施的原理、性能及其养护维修管理的内容和方法，最有效地发挥设备设施的使用功能。

第二章 物业设备设施管理

第一节 物业设备设施管理概述

一、物业设备的概念

物业设备是房屋建筑内部附属设备的简称,是构成房屋建筑实体的重要组成部分。房屋建筑内部附属的基本设备,如供水、排水、供暖、供冷、供电、电梯等,主要是为了满足生产和生活的需要和提供卫生而舒适的工作和生活环境。

二、物业设备管理的特点

从物业管理的角度来看,物业设备管理具有以下4个明显的特点。

(一)服务性功能强

各类房屋设备尽管功能各异,但其根本目的都是为住用人提供某种特定的服务,改善其工作生活条件和物业的整体环境。设备管理失误影响大,如暖气大面积不热或电梯经常停驶,不仅会造成生活困难,而且可能形成业主与物业公司的对立。因此,房屋设备管理的"管、修、用"必须以向住用人提供良好服务为核心。

(二)经营性特点突出

房屋设备一次性投资大,使用年限短,更新换代快,运营服务、维修保养费用高,各种费用的及时收取和合理分摊是房屋设备管理中的一个突出的问题。例如,一部中档电梯造价达30万~40万元,每次事故都可造成成千上万元的经济损失或缩短其使用寿命。因此在物业管理体制下,房屋设备的管理带有明显的经营性特点，即房屋设备管理实质上是房屋设备的经营管理。

(三) 专业性、技术性要求高

各类房屋设备性能各异，结构复杂，具有很强的专业性和技术性。例如，大容量的锅炉房，锅炉容量达数十吨，供暖面积可达几十万平方米，其中有复杂的仪表设备、装卸设备、供电设备及大量管网。因此，房屋设备的使用维修需要各种专业技术知识，严格的规范化、标准化的科学管理制度及大量的技术工人和专业技术人员。

(四) 综合性强

房屋，尤其是高层建筑是一个具有综合使用功能的有机体，其设备种类繁多、数量庞大、管路重叠、阀门罗列。这些设备在任何时候都要协调、共同工作才能保证各项功能的正常发挥。同时，房屋设备的管理涉及电力、电信、燃气、供热、供水、排水、道路、环卫、绿化、路灯、消防、公安交通等专业工作的管理，物业公司应和这些专业管理部门统一协调，明确各自的职责分工，确保各类设备的正常运行。

三、物业设备的构成与分类

现代民用建筑常用设备主要有：房屋建筑卫生设备、房屋建筑电气工程设备和智能化技术设备系统。

房屋建筑卫生设备：

(一) 给排水设备系统

给排水系统是为房屋用户提供足够数量的，符合水质标准的生产和生活用水，同时将使用过的污、废水进行一定的净化处理后，进行排放或重新使用的系统。它包括给水设备、排水设备、卫生设备、热水供应设备及消防设备。

1. 给水设备

这是指用人工方法提供水源的设备，有供水箱、供水泵、水表、供水管网4个方面，组成生活给水系统、生产给水系统、消防给水系统。这3种给水系统，并不一定需要单独设置，可按水质、水压、水温及室外给水系统情况,考虑技术、经济和安全条件,将其相互组成不同的共用系统,如生产、生活、消防共用给水系统,生活、消防共用给水系统等。

2. 排水设备

这是指用来排除生产、生活污水和屋面雨雪水的设备,包括排水管道、通风管、清通设备、抽升设备、室外排水管道等。根据所接纳的污(废)水性质,房屋的排水管道可分为生活污水管道、工业废水管道、室外雨水管道,组成生活污水排水系统、生产污水排水系统、雨(雪)水排水系统。

3. 热水供应设备

这是指房屋设备中热水供应部分,包括洗浴器具、供热水管道、热水表、加热器、循环管、自动温度调节器、减压阀等。

4. 消防设备

这是指房屋设备中的消防装置部分,包括喷淋系统、消防栓、灭火机、灭火瓶、消防龙头、消防泵和配套的消防设备,如烟感器、温感器消防报警系统、防火卷帘、防火门、抽烟送风系统、防火阀、消防电梯、消防走道及事故照明、应急照明等。

5. 卫生设备

这是指房屋设备中的卫生部分,主要包括浴缸、水盆、面盆、抽水马桶、镜箱、冲洗盆等。

(二)燃气设备系统

1. 厨房设备

这是指房屋设备中用来做饭菜的部分,包括烤炉烘箱、灶台、洗菜盆、工作台、冰箱、冰柜等。

2. 燃气设备

这是指房屋设备中的燃气供应部分,包括煤气灶、煤气管、煤气表、供气管网等。

(三)房屋供暖、通风、空调设备(HVAC)系统

供暖(Heating)、通风(Ventilating)、空调(Air

conditioning）系统是满足物业使用者舒适需求的系统。

HVAC 系统主要包括：

1. 室内供暖设备

这是指用来供暖的设备，包括锅炉、壁炉、鼓风机、循环泵等设备。按所用带热体（热媒）不同，可分为热水供暖系统和蒸汽供暖系统两大类。一般民用建筑大多采用热水供暖系统。

2. 室内通风设备

这是指房屋内部的通风设备，包括通风机、进、排气口及一些净化除尘设备等。

3. 室内空,设备

这是指用于室内空气流动的设备，包括制冷机、深井泵、空调机、电扇、冷却塔、循球泵等设备。

四、设备管理内容

设备管理工作一般由物业服务企业工程设备部门主管负责。设备管理主要由设备运行管理和设备维修管理两大部分组成。运行和维修既可统一管理，也可分别管理。房屋设备管理主要包括使用管理、维修养护管理、安全管理、技术档案资料管理。

（一）使用管理

使用管理制度主要有设备运行值班制度、交接班制度、设备操作使用人员的岗位责任制。房屋设备根据使用时间的不同，可分为日常使用设备（如给排水、供电、电梯等）、季节性使用设备（如供暖、制冷设备）、紧急情况下使用设备（如消防、自动报警设备）。

各类设备都要制定相应的设备运行使用制度。

（二）维修养护管理

维修养护内容主要包括设备定期检查、日常保养、维修制度、维修质量标准以及维修人员值班制度等。

（三）安全管理

安全管理在房屋设备管理中占有重要地位。国家对安全性能要求高的设备实行合格证制度,要求维修人员参加学习培训考核后,持证上岗,同时要制定相应的管理制度,确保使用安全。

(四)技术档案资料管理

这是设备的基础资料管理,包括设备的登记卡、技术档案、工作档案、维修档案等。

第二节 给排水管道与设施维修

水是人类生存的最基本的要素,是物业使用功能的保障条件之一。建筑项目中给排水系统工程的工作,直接影响业主的工作、生活和物业功能的发挥。

一、给排水设备系统简介

物业管理小区内给排水设备系统,是指小区内各种冷水、热水、开水供应和污水排放工程的总称,主要包括以下几部分。

(一)给水设备系统

给水设备系统是指物业管理小区内通过城市供水管网将水供入小区的设备系统。它可分为物业管理小区内的庭院给水及房屋或构筑物内部给水两大部分,涉及的设备设施主要有供水箱、供水泵、水表、供水管网等。

给水系统按照用途分类,基本上可以分为生活用水、生产用水、消防用水三大类,但这三类并不一定单独设置给水系统。有时,生活和消防共用一个给水系统,或生活、生产、消防共用一个给水系统,这种系统形式叫联合给水系统。具体采用何种给水系统,要按用户(用水设备)对水质、水温及小区外城市管网的给水情况,综合考虑技术、经济和安全条件,确定合适的给水方式。

(二)排水设备系统

排水设备系统是指小区内用来排除污废水及雨雪水的设备系统。它同样划分为房屋或构筑物内部污废水、雨雪水排放和物业管理小区内庭院的污废水、雨雪水排放两大部分,主要涉及室内排水管道、通气管、清通设备、抽升设备、室外小区检查井和排水管道等。

排水设备系统按照所接收污废水的不同性质，分为生活污水管道、工业废水管道、雨水管道三大类。排水体制有分流制和合流制。三类水共用一套管网排放叫合流制，三类水分别排放叫分流制。具体采用什么样的排水体制，要根据污废水的性质、浓度及城市管网的排水体制而定。

（三）用水设备系统

用水设备系统指建筑物内或构筑物内各类卫生器具和生产用水设备，主要包括洗脸盆、洗浴盆、便器、喷泉喷头及各种绿化洒水设备等。

（四）热水供应设备系统

热水供应设备系统是为满足对水温的某些特定要求而设置的设备系统，通常包括开水供应、热水供应，涉及的设备系统包括淋浴器、供热水管道、热循环管、热水表、加热器、温度调节器、减压阀等。

（五）消防设备系统

消防设备系统包括建筑物或构筑物内的消防设备系统及物业管理小区庭院内的消防设备系统，主要有消防箱、供水箱，各式消防喷头、灭火机、消防栓、消防泵等设备。

二、给排水管道工的岗位职责

1. 熟悉给排水系统和各种机械设备、供气供水设备的情况，掌握操作规程和维护保养知识，按要求正确使用。

2. 当班期间及时巡视检查上下系统设备和其他设备的运转情况，并做好巡检记录。

3. 及时进行设备的维修保养，维修保养要及时，质量要保证，记录要完整。

4. 做好应急抢修工作，接到应急报告迅速奔赴现场，及时进行抢修，重大泄漏应在领导和工程师的指导下进行。

5. 积极配合其他工种工作，努力完成领导交给的其他任务。

三、给排水设备设施运行管理

给排水设备设施在运行过程中会出现一些异常情况（如主供水管爆裂、水泵房发生火灾及停电等）需要及时处理。为了避免出现异常，应采取预防措施，加强日常巡视工作。这些都是在给排水设备设施运行中应考虑的问题。因此，给排水设备设施运行管理的目的是加强运行管理工作，确保给排水设备设施的良好运行。

（一）给排水设备设施运行管理中的日常巡视内容

给排水设备设施运行管理中的日常巡视工作内容主要包括：水泵房由水泵管理员每2小时巡视一次，水泵房有无异常的声响或大的振动，压力表指示，电机控制框的指示灯指示有无异常，电机温升是否正常，闸阀、法兰连接处是否漏水，水泵漏水是否成线，水池、水箱水位是否正常，止回阀、浮球阀、液位控制器是否动作可靠。同时，水泵房管理员每周巡视一次小区内主供水管上闸阀及道路上的给水井、检查井、雨水井是否有堵塞现象等。水泵房管理员在巡视过程中发现不正常情况时应及时采取措施，解决不了的问题，立即上报工程部水泵房组长或主管，请求协助解决。

（二）给排水设备设施异常情况处理

给排水设备设施在运行过程中会出现一些突发的异常情况，必须有相应的紧急处理措施进行处理。

1. **主供水管爆裂**

如果发生此种情况，首先应立即关闭相连的主供水管上的闸阀。若仍控制不住大量泄水，应关停相应的水泵房，通知工程部管理组及总值班室。总值班室负责联系相应责任部门，及时通知用水单位和用户停水情况。工程部负责安排维修组进行抢修。维修完毕后，由水泵房管理员开水试压，看有无漏水和松动现象。如果试压正常，回填土方，恢复原貌。

2. 水泵房发生火灾

任何员工发现火警，应立即就近取用灭火器扑灭，呼叫邻近人员和消防管理中心主管前来扑救，并切断一切电源。消防管理中心根据预先制定的灭火方案组织灭火和对现场进行控制，向119报警，并派队员到必经路口引导。通知工程部断开相关电源，开启自动灭火系统、排烟系统以及消防水泵，保证消防供水。火扑灭后，工程部对消防设备设施进行一次检查和清点，对已损坏的设备设施进行修复或提出补充申请，并填写有关记录、报告单。

3. 水泵房发生浸水

少量漏水，水泵房管理员采取堵漏措施。若浸水严重，应关掉机房内运行的设备并拉下电源开关，通知工程部管理组，尽力阻滞进水，协助维修人员堵住漏水源，立即排水。排干水后，对浸水设备设施进行除湿处理，如用干布擦拭、热风吹干、自然通风、更换相关管线等。确定湿水已消除后，试开机运行，如无异常情况，即可投入运行。

停电

出现这种情况后，水泵房管理员应立即启动柴油发电机。从市电停电到正常供水规定时间不超过15分钟。在使用柴油发电机过程中，应严格按照《柴油发电机操作标准作业规程》和《柴油发电机运行管理标准作业规程》执行。

启动前应检查机油油位、冷却液、电池液是否在规定位置，确保总空气开关在"off"状态。然后，启动发电机，要先预热不少于7秒钟，然后转到启动位置（即从"0"经过"1"至预热，后转到"1"位）。在启动位置不能超过5~7秒钟。如果没有启动，立即回到"0"位，间隔30秒钟再进行启动。启动后，油压达到正常范围，将柴油发电机空气开关合上，开始供电。在运行过程中，按照规定进行正常巡视，发现问题及时处理，发生异常重大情况，应及时通知主管采取措施。市电来电时，应在

20分钟内关停柴油发电机。

(三) 水泵房的管理

水泵房作为给水系统重要的设备设施,应有严格的水泵房管理制度。管理规定详尽、合理,管理职责明确,交接班要求清晰、完整,并且按照要求填写相应的数据、表格、记录。

1. 水泵房管理职责

《水泵房管理规定》和《给排水设备设施运行管理标准作业规程》都是由工程部根据 ISO 9002 实施要求和国家有关规定及所管辖区的具体情况制定的。通常,工程部管理组负责检查实施情况,运行组水泵房组长负责运行管理工作的组织实施,水泵房管理员具体负责运行管理并执行管理规定。

2. 水泵房管理规定

水泵房的管理没有统一成形的条文规定,各物业服务企业根据自身企业的特点及管辖区的特点而定。但管理规定的内容主要涉及以下几个方面:保证水泵房通风、照明良好及应急灯在停电状态下的正常使用;水泵房内严禁存放有毒、有害物品,严禁吸烟;水泵房内应备齐消防器材并放置在方便、显眼处;非值班人员不准进入水泵房;每班打扫一次水泵房的卫生,每周清洁一次水泵房内的设备设施,确保水泵房地面和设备外表的清洁;水池的观察孔应加盖上锁,水泵房应当做到随时上锁,钥匙由当值水泵房管理员保管,不得私自配钥匙等。

3. 交接班要求

交接班人员应按规定准时交接班。交接班时,接班人员应认真听取交班人交代,并查看交接班时填写的给排水设备设施运行日记。检查工具、物品是否齐全,确认无误后,按规定在给排水设备设施运行日记上签名。如果出现违反规定或特殊情况,一般不准交接班,如上班运行情况未交代清楚,填写的日记不完整、不规范、不清晰,未按规定打扫水泵房,接岗人不到位。交接班出现异常事故正在处理的情况,应由交接人员负责继续处理,接班人协助进行。

4. 填写有关记录

水泵房管理员在值班期间,要对给排水设备设施的运行情况做详细记录,由水泵房组长整理成册,然后每月上交工程部存档。记录单的名称、表格形式和内容,没有统一规定。

四、给排水设备维修保养管理

给排水设备设施的维修养护管理是根据给排水设备设施的性能按照一定的科学管理程序和制度,以一定的技术管理要求,对设备进行日常养护和维修更新,确保给排水设备设施性能良好。

给排水设备的维修保养分为维护保养、故障急修、正常修理工程。维护保养分为日巡视检查、周保养、月养护、年保养。厂家有特殊要求的应遵照厂家的要求。保养时如发现设备不正常应进行检查,待修理正常后再运行。故障急修是指供水设备在运行中发生一般故障的检查修理。通过调整更换部件后使设备达到正常运行。

正常运行频率的设备修理工程可分为维修保养和大修。当水泵与电控设备磨损严重或性能全面下降时,应进行大修;大修定为5~6年一次。如设备性能完好,周期可适当延长。

第三节 供电设备设施的维修与管理

一、居民社区供电概述

居民社区供电,主要指对居民居住区及社区配套设施所需电能的供应与分配,也就是社区物业管理单位对其辖区的住户实施可靠的电力供应。社区供电系统从电网的10千伏配电干线上支接并引入到一个社区变电所,转变为380/220伏的低压电,通过架空或电缆线路,引入各建筑物的进户装置,最后接到各用户的照明装置和用电设备。

为了接受从电力系统送来的电能,经过降压再将电能分配到各用户和用电设备上去，就需要有一个社区供电的内部供电系统。这个系统由电力变压器、高低压配电装置、低压配电线路、照明装置等设备组成。保持物业管理供配电系统中的供配电设备、设施的正常运行和工作，保证住户安全用电，是物业管理单位的主要职责之一，也是对在物业管理单位从事供配电设备运行维护工作人员的基本要求。

二、供电设备设施构成

供电设备设施主要有高压配电设备设施、低压配电设备设施、变压器等。

（一）高压配电设备设施

1. 高压隔离开关

高压隔离开关亦称高压闸刀开关，其主要结构特点是无灭弧装置，分闸时有明显的断点，因此不能带负荷操作。主要作用是在检修时用于隔离电源。

2. 高压负荷开关

高压负荷开关的主要结构特点是有不完善的灭弧装置，分闸时有明显的断点，可通、断正常的负荷电流和过负荷电流，检修时也可用于隔离电源，但不能配以短路保护装置来自动跳闸。

3. 高压断路器

高压断路器主要结构特点是有较完善的灭弧装置，分闸时无明显断点，可通、断正常的负荷电流、过负荷电流和一定的短路电流。

4. 高压熔断器

高压熔断器主要用于电路的短路保护。RN 型的熔断器具有较强的灭弧能力，可在电路短路电流达到最大值之前断开电路；RW 型的熔断器灭弧能力较弱，在电路短路电流达到最大值以前不能断开电路。

5. 电流、电压互感器

电流、电压互感器都是特殊变压器，其主要作用是：使高电压、大电流的电路和测量仪表、继电保护电器隔离,保障观察人员的安全;扩大仪表的量程。使用时应注意:电流互感器,在使用中副边绝对不允许开路,如果开路则产生不能允许的高压,可击穿绝缘或造成事故;电压互感器,使用中副边不允许短路,如果短路则被烧毁。

(二) 低压配电设备设施

1. 低压刀开关

有灭弧罩的低压刀开关可通、断负荷电流,没有灭弧罩的低压刀开关只能作隔离电源用。

2. 低压刀熔开关

是低压刀开关和低压熔断器组合成的开关电器,可作短路保护和隔离电源用。

3. 低压负荷开关

是带灭弧装置的刀开关与熔断器串联而成的。

4. 低压断路器

既能带负荷通、断电路,又能在短路、过负荷和低电压(失压)时自动跳闸,其功能和高压断路器相似。

5. 低压熔断器

在低压电路中起短路保护作用,也能实现过负荷保护。RTO型熔断器可在短路电流到达最大值以前断开电路,RM型熔断器则不能。

(三) 电力变压器

电力变压器的功能是对电能的电压进行变换。应用最广泛的变压器是油浸变压器。其主要构造是:绕在铁芯上的原、副绕组浸泡在铁制的油箱内,绕组的引线经套管绝缘子引出后与高、低压线路相连。变压器按额定负荷20年的寿命设计,其寿命主要受绝缘材料老化的影响。超负荷运行时,绝缘老化加剧,寿命减短。

三、供电设备的安全管理

供电设备的安全管理有两方面的含义：一方面是保障设备安全运行；另一方面是保障设备使用人员和设备管理人员的人身安全所实施的管理活动。加强供电设备的安全管理可以防止供电设施损坏、绝缘老化、误操作造成的短路、漏电引起的火灾、触电事故。供电设施的安全管理可从以下方面入手：

1. 加强安全教育，普及安全用电常识。
2. 供电设施工程建设安全管理

按照《中华人民共和国电力法》和《电力供应使用条例》的有关规定，供电设施工程建设安全管理主要内容如下：

（1）住宅区供电设施工程建设，必须在地方政府统一规划的用地范围内进行。要在政府规划的线路走廊、配电房的用地上，架设导线、敷设电缆等供电设施。

（2）住宅区供电设施的设计和施工必须符合国家安全标准和电力安全标准，不得使用国家明令淘汰的电力设备和技术。一般是物业服务企业提出申请，报城市电力企业管理部门审批，由物业服务企业委托供电企业组织实施。

（3）住宅区供电设施建成投产后，由物业服务企业接管。对已建成的住宅区供电设施进行迁移、改造和采取防护措施时，必须与供电企业管理部门进行协商，经同意后方能施工。

（4）住宅区内从事建设的单位，凡申请新装用电、临时用电、增加电的容量、变更和终止用电，都必须到当地供电企业办理审批手续。

3. 供电设施的安全操作管理

供电设施的安全操作管理就是规范供电设施的操作程序，保证供电设施操作过程中的安全。主要包括：

（1）操作高压设备时，必须使用安全用具。使用操作杆、棒，戴绝缘手套，穿绝缘鞋。操作低压设备时戴绝缘手套，穿绝缘鞋，同时注意不要正向面对操作设备。

（2）严禁带电工作。紧急情况带电作业时，必须在有监护人、有足够的工作场地和光线充足的情况下，戴绝缘手套，穿绝缘鞋进行操作。

（3）自动开关自动跳闸后，必须查明原因，排除故障后再恢复供电。必要时可以试合闸一次。

（4）变配电室倒闸操作时，必须一人操作一人监护。

（5）设立安全标志。应对各种电气设备设立安全标志牌，配电室门前应设"非工作人员不得入内"标志牌，处在施工中的供电设备，开关上应悬挂"禁止合闸，有人工作"标志牌，高压设备工作地点和施工设备上应悬挂"止步，高压危险"等标志牌。

4. 供电设备过负荷的安全管理

供电设备过负荷是指用户的用电功率超过了供电系统的额定功率时的运行状态。在这种情况下，开关电器、变压器、线路都有被烧坏的危险。

通常解决过负荷问题有两种办法：一种是改造增容，即需要换线、换变压器、换开关设备，增加供电容量。这种方法需要耗费大量的资金。物业公司往往难以解决改造任务和资金缺乏的矛盾。另一种方法是加强用电管理。物业公司要限制沿街的商业店铺从居民住宅私接电线，居民安装大功率电器要申请接入低压电网，经批准后方能接入，以此来限制供电系统的过负荷。

四、供电设备设施的维修管理

供电设备设施的维修有两方面的含义：一方面是搞好供电设备设施的维护，使设备设施在最佳运行状态下工作；另一方面是当供电设备设施出现故障时，及时修复，尽快恢复供电，减少停电给生活和工作带来的不便。

（一）供电设备设施的养护管理

供电设备设施的养护目的是，消除事故隐患，防止供电设备设施出现较大故障，以减少不必要的经济损失。供电设备设施的养护由值班电工负责实施。按照《机电设备管理工作条例》中的规定，定时对设备设施进行养护。

1. 低压配电柜的养护

低压配电柜的养护，每半年一次。养护的顺序是：先做好养护前的准备，然后分段进行配电柜的保养。

（1）养护前的准备　低压配电柜养护前一天，应通知用户拟停电的起止时间，将养护所需工具和安全工具准备好，办理工作票手续。电工组的组长负责指挥，要求全体人员思想一致，分工合作，高效率完成养护工作。

（2）配电柜的分段养护　当配电柜较多时，一般采用双列方式排列。两列之间由柜顶的母线隔离开关相连。为缩减停电范围，对配电柜进行分段养护。先停掉一段母线上的全部负荷，打开母线隔离开关。检查确认无电后，挂上接地线和标示牌即可开始养护。

①检查母线接头有无变形，有无放电的痕迹，紧固连接螺栓，确保连接紧密。母线接头处有脏物应清除，螺母有锈蚀现象应更换。

②检查配电柜中各种开关，取下灭弧罩，看触头是否有损坏，紧固进出线的螺栓，清洁柜内尘土，试验操动机构的分合闸情况。

③检查电流互感器和各种仪表的接线，并逐个接好。

④检查熔断器的熔体和插座是否接触良好，有无烧损。

对于检查中发现的问题，视其情况进行处理。一段母线上的配电柜检查完毕后，用同样的办法检查另一段。全部养护工作完成后恢复供电，并填写配电柜保养记录。

2. 变压器的养护

变压器的养护每半年一次，一般安排在每年的 4 月份和 10 月份，由值班电工进行外部清洁保养。在停电状态下，清扫变压器的外壳，检查变压器的油封垫圈是否完好。拧紧变压器的外引线接头，若有破损应修复后再接好。检查变压器绝缘子是否完好，接地线是否完好，若损伤应予以更换。测定变压器的绝缘电阻，当发现绝缘电阻低于上次的30%~50%时，应安排修理。

（二）供电设备设施的维修管理

供电设备设施的修理是指对供电设备设施中出现的故障进行修复。较大的维修项目，如变压器的内部故障和试验、高压断路器的调整和试验等，一般采用外委维修的方式。

供电设备管理员根据维修保养计划，委托供电公司对辖区内的变压器和高压断路器进行检修和试验。此项工作的程序是：供电设备管理员填写外委维修申请表，经物业服务企业同意后，与供电企业签署维修协议。维修时，由配电室值班电工负责监督，并将结果记录在变压器维修记录和配电设施维修记录上。大修后的试验结果由供电企业填写试验报告，交供电设备管理员，并进行财务结算。

若在供电设备设施运行中，由于雷击或其他原因出现严重故障时，首先由值班电工填写事故报告表，经过主管部门审批后再按上述程序处理。较小的维修项目，如路灯照明线路、楼宇内的配电箱及电力计量箱等公共设施出现故障时，用户直接找配电室的值班电工修理解决即可。若照明灯、电度表是户内个人的物品，用户找配电室的值班电工修理并办理交费手续。值班电工修理后，填写维修登记表，并由用户签字。值班电工应及时向财务部门结账、报账。

第四节　供暖设备设施的维修与管理

一、供暖设备管理概述

供暖设备是寒冷地区建筑物不可缺少的部分。供暖系统有很多种不同的分类方法，按照热传的不同可以分为热水供暖系统、蒸汽供暖系统、热风采暖系统；按照热源的不同又可分为热电厂供暖、区域锅炉房供暖、集中供暖。

目前我国两种主要的采暖方式是集中供暖和分户采暖。分户采暖较多在低密度住宅区使用，而多层或高层住宅小区中较多采用集中供热分户计量的方式。近年来，尽管分户采暖的应用增长很快，但是集中供暖仍然是绝大多数小区使用的采暖方式。本节将主要介绍集中供暖的管理。

（一）供暖系统设备的构成

供暖系统所涉及的设施设备很多，其中主要包括：

1. 锅炉房

锅炉房是供暖系统的热源部分，它主要由锅炉本体、热力系统、烟风系统、运煤除灰系统等组成。

2. 室外供热管网

室外供热管网的敷设方式主要有架空敷设和埋地敷设，埋地敷设比较常见。

3. 室内供暖系统

室内供暖系统主要是指室内的供回水管道、管路上的排气阀、伸缩器阀件、散热设备及室内地沟等。

（二）供暖设备管理

供暖设备管理就是对供暖系统生产和再生产过程实施操作、运行、维护管理活动的总称。在实施管理时，应分清物业公司同城市供暖公司的职责。

1. 采用锅炉房供暖

无论是区域性锅炉房，还是集中供暖锅炉房，其供热设施设备及供热管线均由物业公司负责维护管理，或委托专业供暖公司维护管理。

2. 采用热电厂供热

其供热的城市管网及供热设施设备均由供热部门负责维护管理，供热部门可以将物业公司管辖区内的热交换站及二次供热管线、用户室内散热设备等委托物业公司维护、管理。

集中供暖系统由热源（供热锅炉房）、热网（供暖管网）、散热设备（热用户）三部分组成。供暖管理对象是供暖系统的生产和再生产过程。具体管理内容为热源管理、热网管理和热用户管理。

（三）供暖管理的特点与要求

供暖设备除具有房屋设备的一般特点外，还具有如下特点：

1. 管理的系统性

如不能只管热源而忽视管理用户。

2. 明显的季节性

系统在供暖期间满负荷运行，工作紧张，运营期过后设备闲置。这就对工作人员的管理及设备的管理提出了特殊要求。

3. 经营性更突出

供暖过程既是生产过程又是消费过程，费用投入大，具有很强的经营性。物业公司必须增强经营意识，加强对供暖管理的经济可行性分析，制定合理的收支方案与标准。

4. 对环保要求高

燃料的燃烧会排放烟尘和有害气体，燃料的存放与运送，燃烧废料的回收与处置要占用场地和通道，这就会给环卫管理带来一定困难。

（四）供暖的物业管理模式

目前，供暖管理模式主要有两种，即自营管理和交给专门的供热管理公司进行管理。

1. 自营管理

自营管理就是由物业公司组建专门机构对供暖系统全面负责，管理其运行和维护。包括热源管理、热网管理和热用户管理。在这种管理模式下，要求物业公司对供暖系统的设施设备管理要配备专职的专业技术人员，技术人员要熟悉本岗位及供暖系统情况，掌握供暖系统的一些管理指标，主要包括用户室温合格率、运行事故率、用户报修处理及时率、失水率、水质达标率、锅炉负荷率、负伤事故率、投诉率（来人、来电、来信）、烟尘及烟气排放达标率等。

2. 交给专门的供热公司管理

就是由物业公司（以下简称甲方）与供热管理公司（以下简称乙方）签订管理合同，由乙方负责供热系统的运行和管理，即进行热源和热网管理，甲方提供必要的费用和监督，即进行热用户管理，在这种方式下，甲方在选择乙方时，一定要选择具有有关管理部门签发的资质证书、人员素质高、管理组织严密、企业信誉好的企业，以保证管理效果。

二、供暖系统组成

(一) 供暖系统的基本组成

1. 热源指制取具有压力、温度等参数的蒸汽或热水的设备。
2. 热煤输送管道指把热量从热源输送到热用户的管道系统。
3. 散热设备指把热量传送给室内空气的设备。

(二) 供暖系统设备设施的构成

供暖系统所涉及的设备设施很多，主要包括以下几种。

1. 锅炉房

锅炉房是供暖系统的热源部分，主要由以下几部分组成。

(1) 锅炉本体　包括燃烧设备（减速箱、炉排）、受热面（各种管道、锅筒、空气预热器、省煤器）、炉体围护结构等。

(2) 热力系统　包括水处理设备、分水定压系统、循环系统。

(3) 烟风系统　包括鼓风机、引风机、烟道、风道、除油器等。

(4) 运煤除灰系统　包括煤的破碎、筛分、输送、提升、除灰、排渣设备等。

2. 室外供热管网

室外供热管网的敷设方式主要有架空敷设和埋地敷设。埋地敷设比较常见。埋地敷设又分为通风地沟、半通风地沟、不通风地沟、直接埋地几种敷设方式,涉及的主要设备设施有供回水管道、各类阀件、伸缩器、支架、法兰垫、管道地沟及屋顶膨胀水箱等。

3. 室内供暖系统

室内供暖系统主要是指室内的供回水管道、管路上的排气阀、伸缩器阀件、散热设备及室内地沟等。

4. 供暖系统的分类

供暖系统有很多种不同的分类方法,按照热媒的不同,可以分为热水供暖系统、蒸汽供暖系统、热风采暖系统;按照热源的不同可分为热电厂供暖、区域锅炉房供暖、集中供暖三大类。

三、供暖系统常见故障分析与维修方法

供暖系统常见故障分析与维修方法如表 2-1 所示。

表 2-1 供暖系统常见故障分析与维修方法

故障	产生原因	消除方法
采用双管采暖系统时,多层建筑上层的散热器过热,下层过冷	上层流量过大	关小上层散热器阀门
异程系统末端不热	(1) 前面阀门开大,流量过多;(2) 干管末端空气阻塞	(1) 关小前面立管的阀门;(2) 排除集气罐内的空气
下行上给式上层暖气不热	空气未排除	检查散热器上的放气阀或管路上的放气阀,并排除空气
局部散热器不热	(1) 管内被污物堵塞;(2) 进水管坡向错误造成积气;(3) 阀门并关失灵;(4) 集气罐存气太多,阻塞管路	(1) 在管线上转弯处与阀门前摸其温度,敲打听声;必要时拆开修理;(2) 改正坡向;(3) 拆开阀门修理;(4) 检查集气罐后边管线及设备,如果全是冷的,可能是气阻,应排除空气

(续表)

故障	产生原因	消除方法
总回水温度过低	（1）送水温度过低；（2）循环水量太少；（3）外线大量漏水；（4）管道热量损失过大	（1）提高送水温度；（2）检查水泵是否反转，管线、孔板、阀门等是否堵塞，或阀门未完全打开，清除系统内的污物及沉淀；（3）检查补给水箱，确定是否漏水，然后查修外线漏水部分；（4）由于水渗漏将保温层坏损，或因地面水流入地沟内浸泡管子，故应检查附近接口及地沟的状况，然后修理或采取其他措施
总回水温度过高	（1）循环水量太大；（2）外线循环管阀门未关；（3）送本温度过高	（1）调整总进、回水阀门，增加；（2）关闭循环管阀门；（3）降低送水温度
各种漏水现象：焊缝、铸铁附件及法兰破裂散热器及附件破裂	（1）焊接质量不好，或因支点下沉使管道弯曲；（2）计算不当或滑动支架失灵，管道不能膨胀自如；（3）法兰安装倾斜，螺栓松紧不一，垫圈（1）压力过大（2）结冰	（1）重焊或改装支架；（2）验算伸缩器或消除支架的障碍；（3）校正管道或增加支点，均虚拧紧螺栓（1）检查水泵扬程及调压孔板（2）更换附件

第三章 物业安全服务管理

第一节 物业治安管理

一、物业安全服务管理的含义

物业安全服务管理是指物业服务企业按照物业服务合同的约定,依靠各种设备、工具和专业人员,为防止和终止危及或影响物业管理辖区内的业主或使用人的生命财产与身心健康的行为与因素,确保住户或使用人人身安全,财产不受损失,工作生活秩序正常进行的管理服务,是物业服务的重要内容,包括治安管理、消防管理和车辆道路管理。

物业项目是整个城市的组成部分,物业区域内的安全管理也是整个社会安全的一个组成部分。物业服务企业的安全管理部门,应该与社会的安全管理机构——公安机关保持密切联系,了解情况,掌握动向,配合公安部门(如辖区派出所),搞好物业区域及其周边的治安工作。

具体讲,物业安全服务包括治安、消防和车辆管理。如防盗、防滋扰、防破坏等是治安范围当中的内容;防火、防自然灾害等是消防范围当中的内容;维护交通秩序、防交通事故、防车辆失窃是车辆管理范围当中的内容。这三方面同时又都存在两个层次,即日常安全防卫务和突发事件处理。日常安全防卫服务就是防止偷盗、抢劫、破坏,防滋扰,防止爆炸、火灾或其他自然灾害的发生,防止小区内交通、打架斗殴等事故的发生;突发事件处理,包括对突发案件、火灾、爆炸、疾病等处理。

二、物业安全服务管理的特点

物业安全服务管理具有两大特点:

1. 物业安全服务管理是物业管理的基本内容之一,同时,它也是其他管理工作的前提。

2. 安全管理是介于公安机关职责和社会自我防范之间的一项服务。与公安机关与企业事业单位的治安联防相比,具有补充国家警力不足及工作职责范围的针对性之优点。

三、物业安全服务管理的方式

对于物业服务企业而言,为业主提供物业安全管理服务可采取两种方式:

1. 通过市场将这一业务发包给其他专门的安全机构来管理;

2. 自己组建安全部门(科、股、组等)来提供服务。如果选择了第一种管理方式,物业服务企业要做的工作如下:一是选择发包对象;二是签订一份周密的发包合同,通过合同将业主的意愿传达给发包对象,同时也通过合同来准确、合理地规范本企业与发包对象的责、权、利关系。

四、保安管理服务

(一)保安的职责

(1)保安员上岗必须穿制服,佩戴装备(对讲机),严整仪容,纠正违章时先敬礼,必须做到以礼待人。

(2)作风正派,遵纪守法,坚守岗位,提高警惕,发现违法犯罪分子要及时汇报领班及部门领导。

(3)严格执行交接班制度,按规定交接班。

(4)对小区的住户做好公司的规章制度及治安保卫的宣传工作。

(5)执勤过程中要勤巡查,要有敏锐的目光,注意发现可疑的人、事、物,预防案件、事故的发生,力争做到万无一失。

(6)值班保安人员要认真做好防火、防盗、防劫工作,认真检查设备设施,发现安全隐患立即查明情况,排除险情,并及时报告领班及部门领导，确保管区的安全。

（7）严格遵守上下班时间及值班纪律，对在岗位发生的各种情况要认真处理，并且做好详细的书面记录。

（8）爱护设施设备、公共财物。对岗位内一切设施、财产不得随便乱用。

（9）对业主及访客的进出机动车辆应行军礼放行。

（10）有礼貌地查询进入小区的访客，并尽可能登记身份证，如有怀疑，应通知有关住户。

（11）若发生案件，应采取一系列步骤以协助破案：

①立即汇报部门领导和拨打110电话，并留在现场直至公安人员到达；

②切勿移动或容许他人移动、触摸现场物品，保留现场证据，方便取证工作；

③禁止任何人在现场走动，并礼貌地劝阻闲人进入现场，以方便公安人员现场调查；并向公安人员提供相关案件详情。

（二）保安员的权限

（1）执勤时，可配备非杀伤性防卫工具和通信、报警用具，但不许配备枪支、手铐及警棍；

（2）对违法犯罪行为有权制止、劝阻，并协助公安机关处置，但无处罚裁决权；

（3）对发生在责任区的刑事、治安案件，有权报警并采取措施保护发案现场、保护证据、维护现场秩序，以及协助公安机关处理相关事项；

（4）根据单位规章制度的规定，对责任区域进行安全防范检查，协助单位完善有关规章制度，对存在的安全隐患有权提出整改意见、建议；

（5）在执勤中，如有犯罪嫌疑人故意滋事、不听劝阻，甚至行凶、报复，可采取正当防卫行为。

五、治安管理的方式与原则

（一）治安管理的方式

在物业管理中，治安管理可分为封闭式管理、开放式管理与结合式管理三种情况。封闭式管理适用于政府机关、部队等要害部门或业主有特殊要求的物业管理。其特点是构建整个物业的封闭体系，物业入口每天 24 小时有门卫值守，内部人员有专用通行证件，外来人员须征得内部人员的同意方可入内，而且要办理出入登记手续。

尤其是出入的车辆及大件物品必须登记成册。开放式管理适用于住宅区与商业楼宇，用户不需办理证件，外来人员只需着装整洁就可自由出入，对车辆及一般物件的进出也不必检查。结合式管理综合了开放式管理与封闭式管理两种方式的长处。比如有些商用楼、写字楼，在营业时间希望更多的顾客进入，此时是开放式管理，但商业楼宇的商品安全也是十分重要的，所以下班时间，没有顾客进入时，就转而采用封闭式管理。

（二）治安管理的原则

（1）物业内的治安管理与社会治安工作相结合原则。

（2）"服务第一，用户至上"服务宗旨。

（3）"预防为主、防治结合"原则。

（4）治安工作硬件与软件一起抓原则。

要做好物业管理中的治安工作，一方面要抓好保安队伍建设，认真完善各项治安防范制度，落实治安防范措施；另一方面，要搞好物业治安防范的硬件设施建设，建立并完善电视监控系统、消防报警系统等。

第二节 车辆与道路管理

一、车辆道路管理的主要内容

车辆道路管理包括道路管理、交通管理、车辆管理及停车场的管理。

(一) 道路管理

道路由动态交通设施、静态交通设施和道路交通附属设施三部分组成。动态交通设施包括物业的各级道路；静态交通设施包括停车场、广场；道路交通附属设施包括各种路名牌、分离墩、分道线、道路照明设施、绿化带、排水设施及防护设施等。居住区道路管理的内容主要为对已建成道路、设施的维修及部分道路的改造与新建。

道路设施在使用过程中，受交通荷载及自然条件如雨、雪、风等影响，会产生磨耗或损坏；一些人为现象也会对设施的正常运行产生影响，如挖路埋管、私搭乱建、沿路开店、个别人有意无意地损坏设施等。道路设施管理的主要任务就是制定物业道路设施的管理办法，负责物业道路的养护维修和设施的日常管理，对非法占用道路的行为进行纠正和处罚。

物业服务企业应建立专门的道路及设施的养护、维修队伍。其主要工作内容是：掌握各类设施的布局、结构情况；负责对道路的日常巡查，随时发现并纠正违反物业管理规定的现象，并根据物业道路管理规定作出相应的处理；执行物业服务企业下达的道路维修计划；负责道路设施的日常养护工作，随时了解设施的运行状况，发现异常及时上报和处理。

(二) 交通管理

交通管理的任务是正确处理人、车、路的关系，在可能的情况下做到人车分流，重点是机动车行车管理。物业服务企业除加强对司机和广大住户的宣传教育外，要制定居住区道路交通管理规定，其主要内容是：①建立机动车通行证制度，禁止过境车辆通行；②根据区内道路情况，确定部分道路为单行道，部分交叉路口禁止左转弯；③禁止乱停放车辆，尤其在道路两旁；④限制车速，铺设减速墩，确保行人安全。

在物业管辖范围内，发生交通事故，应报请公安交通管理部门处理。

(三) 车辆管理

车辆管理服务是对机动车、摩托车、自行车等车辆进出物业管理区域、在物业管理区域内行驶、停放等的管理服务。车辆管理应坚持物业服务企业与公安交通部门管理相结合的原则。物业服务企业的主要职责是禁止乱停乱放和防止车辆丢失、损坏。

1. 机动车管理

机动车管理是通过门卫管理制度和车辆保管规定来落实的。门卫包括停车场门卫和物业区域大门门卫。对进出的机动车必须坚持验证放行制度，对外来车辆要登记。对车辆的保管，物业服务企业应与车主签订车辆保管合同或协议，确定停车地点，收取停车费，明确双方责任。

2. 摩托车、自行车管理

居住区内为确保摩托车、自行车的存放安全，应设有专人看守的存车棚（场）。车主需委托保管车辆时，先办理立户登记手续，领取存车牌，并按指定位置存放，物业服务企业负责其安全。

(四) 停车场管理

无论是住宅小区还是商贸楼宇，一般都设有专用的机动车停车场。停车场分地上停车场（停车楼）和地下停车库两大类。其管理要点基本相同，主要有以下4个方面。

1. 停车场位置的规划

居住小区在设置停车场时，应着重考虑以下因素：

（1）必须把人的活动放在首位　在停车场交通组织规划时，应充分考虑人的活动，组织好人、车流的疏导，以保证居民在小区内可以安全舒适地行走。

（2）合理估计车位数量　应该科学、合理地对私人拥有小汽车的发展状况及趋势进行调研和分析，并充分考虑到小区的定位，确定车位的合理设置比例。

（3）停车场的造价　物业公司对停车场的规划，要因地制宜，既要和物业区域相协调，又要符合实际需要，一般来说，要考虑以下几点：一是经济实用。建设停车场（库）需要一定资金，物业公司投资建设，是希望能回收资金并获得利润。这样，规划时既要考虑建设成本，又要考虑建成后能否充分利用。二是因地制宜。因地制宜既是降低成本的一个途径，也是保证停车场（库）和物业区域相协调的一个条件。

物业区域的停车场应该成为整个物业协调一致的组成部分，而不能成为有碍观瞻、妨碍交通的一个"毒瘤"。要做到因地制宜，物业公司必须对所管物业区域的环境（建筑格局、道路交通等）有一个全面的了解，特别对原有停车场（库）有所研究，以便统一规划。

2. 场内车位划分要明确

车辆可分为机动车和非机动车。机动车可分为摩托车、汽车等。非机动车可分为自行车、三轮车、助动车等。各种类型、规格的车辆如果都存放在一起，显然既不利于车主的存取，也不利于管理人员进行管理。为此，物业公司应把停车场（库）的区位进行划分。为安全有序地停放车辆，避免乱停乱放现象，停车场内应用白线框明确划分停车位。

要做好这一工作，首先应做好该物业区域各种车辆的调查摸底，弄清所管区域各种车辆的总数以及不同类型车辆的比例，然后根据掌握的材料，考虑可能的情况，把停车场（库）内停车位置划分为机动车区和非机动车区两个大的区域。其各自大小、比例以及是否再细分，可根据所管物业区域车辆的情况和可能外来的车辆情况而定。需经常停放的车辆，应办理有偿使用固定车位的手续，外来车辆和临时停放的车辆有偿使用非固定车位。图3-1是停车场（库）划分的一个构想。

3. 场内行驶标志要清楚

为保持通道畅通无阻，方便存放和管理，停车场（库）应建在比较醒目、容易找到的地方，同时要安置足够的指示信号灯，还要有适当的警示标语。为便于管理，停车场一般只设一个进口和出口，进出口的标志一定要明确。

场内行驶路线要用扶栏、标志牌、地上白线箭头指示清楚。另外，消防设备也是停车场（库）不可缺少的，必须配备齐全。停车场（库）应安装电话，供发生火情或盗情时报警使用。如有特殊要求，还可在车辆出入路口处设置管制性栏杆，以供使用。

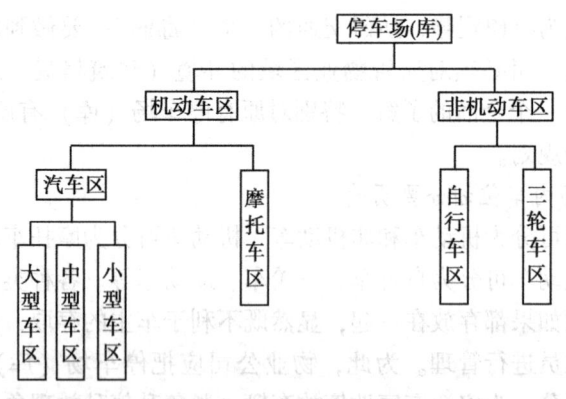

图 3-1　停车场区位布置图

4. 进出停车场管理要严格

为了保证物业区域内的宁静、行人的安全及环境的整洁，必须控制进入物业区域的车辆，不经门卫许可不得入内（特殊情况除外），大门的门卫要坚持验证制度，对外来车辆要严格检查、验证放入，出去也要验证放行，发现问题及时上报，对外来车辆要计时收费。在车辆进出高峰时，管理人员还要做好现场的车辆引导、行驶、停放与疏散工作。

5. 车辆防盗和防损坏措施要得力

为避免场内车辆被盗和被撞等事件的发生，一方面，管理人员要加强对车辆进入的登记与车况的检查，实行 24 小时值班制度和定时巡查制度；另一方面，要教育提醒车主在场内要服从管理人员的指挥与安排，缓慢行驶，注意安全，按规定车位停放车辆，离开时锁好车门，调好防盗系统至警备状态，随身带走贵重物品。

（五）车辆管理负责人职责

（1）依法循章对住宅区、交通、车辆进行管理。

（2）负责按物价部门收费规定收取车辆保管费。

（3）熟悉掌握住宅区车辆流通情况，车位情况，合理部署安排，优先保证业主使用车位。

（4）负责监督和落实员工岗位职责，对员工进行日考核，填写《员工日考核表》。

（5）负责每日工作检查，并填写《车辆管理日检表》。

（6）负责对外协调与联系，处理车辆管理方面的问题和客户投诉。

（7）负责对员工进行法制教育和职业道德教育，不断提高服务质量。

（8）负责对员工进行岗位培训，并做好培训记录。

（9）定时向管理处主任汇报工作。

（六）车辆管理员的职责

（1）负责对停车场（库）的汽车，摩托车，以及保管站内的自行车管理。

（2）车辆管理员礼貌待人、热情周到。

（3）车辆管理员熟知车主姓名、车型、车牌号、房号、车位。

（4）实行24小时轮流值班，服从统一安排调度。

（5）按规定着装，佩戴工作牌，对出入车辆按规定和程序指挥放行，并认真填写《车辆出入登记表》。

（6）遵守规章制度，按时上下班，认真做好交接班手续，不擅离职守。

(7) 按规定和标准收费，开具发票及时缴交营业款。

(8) 负责指挥区内车辆行驶和停放，维持小区交通、停车秩序。

(9) 负责对小区道路和停车场的停放车辆进行巡视查看，保证车辆安全。遇有门未锁、灯未关、漏油、漏水等现象发生时，10分钟内通知车主。

(10) 负责停车场（库）的消防以及停车场（库）、值班室、岗亭和洗车台的清洁工作。分别按小区清洁工作手册中《停车场清洁》《值班室、岗亭的清洁》进行清洁。

二、车辆被盗、被损坏后的处理方法

1. 当车管员发现车场内的车辆被损坏或被盗时，应立即联络车主，并向上级报告。

2. 对损坏车辆的肇事司机和车辆不得放其离场，并应保护好现场。

3. 如发生车辆被盗，经管理处确认后，由管理处与车主一道到公安机关报案。

4. 事故发生后，被保险人（车主及停车场）应马上通知保险公司。

5. 车管员应做好时间经过的记录。

6. 管理处、停车场当班员及车主应配合公安机关和保险公司做好调查、取证工作。

第三节　消防管理

一、预防火灾的基本措施

预防火灾，就是要消除产生燃烧的条件，防止燃烧发生，从而达到防火的目的。预防火灾的基本措施有以下几种。

1. 控制可燃物具体方法

控制可燃物品的储存量；以难燃或不燃材料代替易燃或可燃

材料；用防火涂料浸涂可燃材料，提高其耐火极限；保持可燃物处于良好的通风状态，从而降低可燃气体、蒸汽和粉尘的浓度，使它们的浓度控制在爆炸下限以内。

2. 隔绝助燃物即破坏燃烧的助燃条件

具体措施有：将易燃、易爆物品的生产置于密闭的设备中进行，对容易自燃的物品进行隔绝空气存放；变压器填充惰性气体进行防火保护；关闭防火门、窗，切断空气对流；用沙土覆盖可燃油液等。

3. 消除着火源即破坏燃烧的热能源

具体措施有：安装防雷、防爆装置；采取控温、遮阳等措施避免着火源；在建筑物之间构筑防火墙，在同一物业不同楼层之间及同一楼层的不同区域安装防火卷帘等。

二、灭火器的分类

灭火器按其移动方式可分为手提式和推车式；按驱动灭火剂的动力来源可分为储气瓶式、储压式、化学反应式；按所充装的灭火剂可分为泡沫式、干粉式、卤代烷式、二氧化碳式、酸碱式、清水式等。

三、火灾的分类

按照燃烧物质，火灾大体分为4种类型：

1. A类火灾为固体可燃材料的火灾，包括木材、布料、纸张、橡胶以及塑料等。

2. B类火灾为易燃可燃液体、易燃气体和油脂类火灾。

3. C类火灾为带电电气设备火灾。

4. D类火灾为部分可燃金属，如镁、钠、钾及其合金等火灾。

发生火灾初期，火势较小，使用灭火器及时扑救是避免火灾蔓延、扩大和造成更大损失的有力措施。一旦发现火警，应立即向消防部门及时报警，万万不可指望灭火器能扑灭火灾而不报警，因为灭火器的扑救面积和能力是有限的，只能适应扑救初起的火灾。火灾发生后，一般蔓延都比较快，推迟报警时间，贻误灭火时机，势必造成更大的损失。

四、各种灭火器适用的火灾类型及使用方法

（一）手提式化学泡沫灭火器

适用于扑救一般 B 类火灾，如油制品、油脂等火灾，也可用于 A 类火灾，但不能扑救 B 类火灾中的水溶性可燃、易燃液体的火灾，如醇、酯、醚、酮等物质火灾；也不能扑救 C 类和 D 类火灾。

奔赴火场时手提筒体上部的提环，注意不得使灭火器过分倾斜，更不可横拿或颠倒，以免两种药剂混合而提前喷出。距离着火点 10 米左右时，将筒体颠倒过来，一只手紧握提环，另一只手扶住筒体的底圈，将射流对准燃烧物。在扑救可燃液体火灾时，如已呈流淌状燃烧，则将泡沫由远而近喷射，使泡沫完全覆盖在燃烧液面上；如在容器内燃烧，应将泡沫射时容器的内壁，使泡沫沿着内壁流淌，逐步覆盖住火液面。切忌直接对准液面喷射，以免由于射流的冲击，反而将燃烧的液体冲散或冲出容器，扩大燃烧范围。在扑救固体物质火灾对，应将射流对准燃烧最猛烈处。

灭火时随着有效喷射距离的缩短，使用者应逐渐向燃烧区靠近，并始终将泡沫喷在燃烧物上，直到扑灭。使用时，灭火器应始终保持倒置状态，否则喷射会中断。

手提式泡沫灭火器应存放在干燥、阴凉、通风且取用方便之处，不可靠近高温或放在可能受到暴晒的地方，以防止碳酸分解而失效；冬季要采取防冻措施，以防止冻结；应经常擦除灰尘，疏通喷嘴，使之保持通畅。

（二）推车式泡沫灭火器

其适应火灾与手提式化学泡沫灭火器相同。

使用时一般由 2 人操作。先将灭火器迅速推拉到火场，在距离着火点 10 米左右处停下，由一人施放喷射软管，然后双手紧握喷枪并对准燃烧处；另一人则先逆时针方向转动手轮；将螺杆升到最高位置，使瓶盖开足，然后将筒体向后倾倒，使拉杆触地，并将阀门手柄旋转 90 度，喷射泡沫进行灭火。如阀门装在喷枪处，则由负责操作喷枪者打开阀门。

灭火方法及注意事项与手提式化学泡沫灭火器基本相同，可以参照。由于该种灭火器的喷射距离远，连续喷射时间长，因而可充分发挥其优势，用来扑救较大面积的储槽或油罐车等处的初起火灾。

(三) 空气泡沫灭火器

适用范围基本上与化学泡沫灭火器相同。抗溶泡沫灭火器还能扑救水溶性易燃、可燃液体的火灾，如醇、醚等溶剂燃烧的初起火灾。

使用时可手提或肩扛迅速奔到火场，在距燃烧物 6 米左右处拔出保险销；一手握住开启压把，另一手紧握喷枪。用力捏紧开启压把，打开密封或刺穿储气瓶密封片，空气泡沫即可从喷枪口喷出。灭火方法与手提式化学泡沫灭火器相同。但空气泡沫灭火器使用时应使灭火器始终保持直立状态、切勿颠倒或横卧使用，否则会中断喷射，同时应一直紧握开启压把，不能松手，否则也会中断喷射。

(四) 酸碱灭火器

适用于扑救 A 类物质燃烧引起的初起火灾，如木、织物、纸张等燃烧引起的火灾。不能用于扑救 B 类物质燃烧引起的火灾，也不能用于扑救 C 类或 D 类火灾。使用方法同手推式灭火器。

(五) 二氧化碳灭火器

灭火时只要将灭火器提到或扛到火场，在距燃烧物 5 米左右处放下灭火器，拔出保险销，一手握住喇叭筒根部的手柄，另一只手紧握启闭阀的压把。对没有喷射软管的二氧化碳灭火器；应把喇叭筒往上板 70 度~90 度。使用时，不能直接用手抓住喇叭筒外壁或金属连线管，防止手被冻伤。

灭火时，当可燃液体呈流淌状燃烧时，将二氧化碳灭火剂的喷流由近而远向火焰喷射。如果可燃液体在容器内燃烧时，应将喇叭筒提起，从容器的一侧上部向燃烧的容器中喷射。但不能将二氧化碳射流直接冲击可燃液面，以防止将可燃液体冲出容器而扩大火势，造成灭火困难。

推车式二氧化碳灭火器一般由两人操作，使用时两人一起将灭火器推或拉到燃烧处，在距离燃烧物10米左右停下，一人快速取下喇叭筒并展开喷射软管，然后握住喇叭筒根部的手柄，另一人快速按逆时针方向旋动手轮，并开到最大位置。灭火方法与手提式的方法一样。

在室外使用二氧化碳灭火器时，应选择在上风方向喷射。在室内窄小空间使用时，灭火后操作者应迅速离开，以防窒息。

（六）干粉灭火器

碳酸氢钠干粉灭火器适用于易燃、可燃液体、气体及带电设备的初起火灾；磷酸铵盐干粉灭火器除可用于上述几类火灾外，还可扑救固体类物质的初起火灾；但都不能用于扑救金属燃烧火灾。

灭火时，可手提或肩扛灭火器快速奔赴火场，在距燃烧处5米左右放下灭火器。如在室外，应选择在上风方向喷射。若是外挂式储压式干粉灭火器，操作者应一手紧握喷枪，另一手提起储气瓶上的开启提环。如果储气瓶的开启是手轮式的，则向逆时针方向旋开，并旋到最高位置，随即提起灭火器。当干粉喷出后，迅速对准火焰的根部扫射。

若是内置式储气瓶或内置式储压式干粉灭火器，操作者应先将开启把上的保险销拔下，然后握住喷射软管前端喷嘴部，另一只手将开启压把压下，打开灭火器灭火。

五、火警火灾应急处置程序

1. 自动报警系统显示火警信号或接到火情报告后，在消防监控室值班的警员应立刻通知相关警员赶到现场观察处置。

2. 相关警员到达现场后,迅速查证报警原因,当确认发生火灾时,立刻报告消防监控室,同时就地用灭火器材灭火,并且随时将火情进展情况报告消防监控室。

3. 消防监控室值班警员在火情确认后,立刻向安保部经理、物业服务企业领导、各部门负责人通报火灾情况,物业服务企业领导等视火灾情况决定迅速向"119"报警。

4. 实施各小组灭火职责。向消防机关报警时,安保部经理指挥现场、外围配合各灭火小组实施各小组灭火职责。指挥相关灭火小组切断火灾现场电源,关闭空调机组,启动相应消防栓系统、喷淋系统、防排烟系统设备,打开消防电梯迫降开关,关闭所有客梯,降下防烟卷帘门,保证应急电源设备运行,打开消防广播警铃,疏散住户,引导配合消防机关的灭火工作等。

5. 组织现场人员疏散、疏导工作。向消防机关报警同时立即进行火灾现场人员疏散、疏导工作,组织人员通过紧急通道、疏散楼梯等迅速撤离到安全区,要逐室检查、核实人员是否全部撤离火灾现场,视火灾现场情况决定物资撤离方案。

6. 维持公共秩序,做好火灾现场维护警戒,保障灭火通道畅通,同时引导协助消防机关的工作,如火灾造成伤亡,立即联系医疗机构协助抢救伤员。

7. 火灾扑灭后,做好相应的善后工作,向公司提交火灾报告,配合消防机关调查,分析着火原因,清理火灾现场,总结分析。利用现场实际案例培训教育员工和客户,提高他们的安全防火知识和意识。

第四章 物业环境管理

第一节 物业环境管理

一、物业环境及其管理

物业区域环境质量的好坏直接影响业主的生活质量,因此人们非常重视物业的环境管理。一般而言,物业管理服务合同中对此有非常明确的约定。本章只讨论物业绿化、保洁两项环境管理问题。

(一) 物业环境

1. 物业环境的概念

物业环境是指与业主及使用人生活、生产和学习有关的,直接影响其生存、发展和享受的各种必需条件及外部变量因素,即包括园林绿化、卫生保洁、治安秩序在内的各种因素的总称。物业环境是人类城市环境的一部分,是属于城市大环境范围内的某个物业区域范围的小环境。

2. 物业环境的特点

(1) 内部环境与外部环境相统一 物业环境是城市环境乃至全球整个外部大环境的一个不可分的部分。没有大环境的改善,就没有物业小环境的持久良好。

大环境是无数个小环境组成的,小环境的好坏必然影响大环境。例如,上海市政府坚持将上海建设成国家园林城市,坚持对"三废"排放严重的企业加强治理力度,使得上海大气质量得到极大改善。这毫无疑问给所有上海市的物业小环境带来福音。同样,某个小区在辖区内燃烧沥青,不仅污染小区的空气,同样影

第四章 物业环境管理

响整个城市的空气质量。

（2）室内环境和室外环境相统一 对业主和使用人来说，一个良好的环境，不仅表现为室外美观的绿化、完善的活动设施和有品位的建筑小品等，还表现为室内温度适宜、采光良好、隔声通风等。因此，物业服务企业不仅要关心物业的室外环境，更要关注物业的室内环境。由于人们大多数活动在室内进行，室内环境的好坏对人的影响更大。

（3）硬环境和软环境相统一 人是有思想、有情感的高级生物，不仅有生理需要，还有心理需要。物业环境是针对人而言的，没有人也就无所谓物业环境。物业环境有硬环境和软环境之分。硬环境是物业中所有外部物质要素的总和。它是物化的、有形可见的、可以触知的生产、生活和学习必要的物质条件，也即我们通常所指的物业。软环境是指物业中所存在的外部精神要素的总和。它是无形的、不可触知但可感知的对人们的生产、生活、学习产生一定影响的氛围、人际关系、安全与秩序等。

（二）物业环境管理

1. 物业环境管理的概念

物业环境管理是指物业服务企业通过组织、制度和技术措施的实施，防止和控制物业环境状况的不良变化，创造舒适、优美、保洁和文明物业环境的一系列活动的总称。也就是说，物业服务企业通过执法检查、履约监督、制度建设和宣传教育等方式，为业主及使用人提供物业环境管理服务，以维护和改善物业环境。

2. 物业环境管理的任务

物业环境管理的任务主要是：保护和维持物业区域内的容貌，防止人为破坏和减缓自然损坏；维护正常的生产、生活和办公秩序；保持物业区域内环境的整体形象；保证物业区域内居民的身心健康以及提高物业的知名度等。

二、物业环境管理的原则

（一）以防为主，防治结合

环境管理必须以预防为主，要控制污染源，从源头上解决问题。要抓"早"、抓"小"，将一切可能的污染消灭在萌芽状态，同时对已经发生的污染采取积极有效的措施进行治理。

（二）专业管理与群众参与相结合

专业管理要取得最佳效果，离不开物业业主和使用者的积极参与。只有业主和使用人以至广大群众都了解环境管理的意义及自己的义务，严于律己、相互监督，专业管理才能获得最佳的效率和效果。

（三）环境保护与资源利用相结合

从严格意义上来讲，没有废物，只是如何利用的问题。因此，在环境保护的同时，要尽量废物利用，变废为宝。例如，余热利用、水的循环利用、生活垃圾的资源化处理等。

（四）制度约束与宣传教育相结合

物业环境管理离不开严格的制度约束及监督检查，所谓"没有规矩，不成方圆"。但光有制度，没有广大群众的理解、认同并自觉地维护，制度的实施是难以收到较好效果的。因此，必须对广大业主、使用人进行有效的宣传教育，加强社会主义文明建设，制度约束才能收到预期效果。

（五）污染者承担相应责任

要贯彻"谁污染，谁负责"的原则，对那些违反环境保护法律和制度，污染物业环境者要进行严肃处理。要根据情节轻重，让其承担相应的治理责任、损害补偿责任甚至刑事责任。

第二节 物业环境保洁管理

一、保洁管理的含义

保洁管理，是指物业公司通过日常清洁、宣传教育和监督治理等工作,保护物业区域环境,防治环境污染,定时、定点、定人进行生活垃圾的分类收集、处理和清运。通过清、扫、擦、拭、抹等专业性操作,维护辖区所有公共区域、公用部位的清洁卫生。

二、明确保洁管理的范围

1. 公共区域的保洁

这是一个平面的概念,即指物业区域内,楼宇前后左右的公共地方,包括道路、广场、空地、绿地等的清扫保洁。

2. 共用部位的保洁

这是一个垂直的概念,即指楼宇底层到顶层屋面上下空间的共用部位,包括楼梯、走道、电梯间、大厅、平台等的清扫保洁。

3. 生活垃圾的处理

这是指日常生活垃圾(包括装修垃圾)的分类收集、处理和清运。要求和督促业主按规定的地点、时间和要求,将日常垃圾倒入专用容器或者指定的垃圾收集点,不得擅自乱倒。

三、制定保洁管理的制度

保洁管理制度要做到:

(一) 明确要求

如处理日常垃圾专人负责、日产日清,定点倾倒、分类倾倒、定时收集、定时清运,按照规定的工作流程,履行保洁的岗位职责等。

(二) 规定标准

标准是衡量事物的准则,也是评价保洁工作的尺度。物业区域环境保洁的通用标准是"五无",即无裸露垃圾,无垃圾死角,无明显积尘积垢,无蚊蝇虫孳生地,无"脏乱差"顽疾。建设部颁布的《全国城市马路清扫质量标准》中,有两条可以作为物业区域道路清扫保洁质量的参考:一是每天普扫两遍,每日保洁;二是达到"六不""六净"标准,即不见积水,不见积土，不见杂物，不漏收堆，不乱倒垃圾和不见人畜粪；路面净、路沿净、人行道净、雨水口净、树坑墙根净和废物箱净等。

（三）计划安排

物业公司应制订出清扫保洁工作每日、每周、每月、每季直至每年的计划安排。例如：每日收集每户产生的生活垃圾及倾倒垃圾箱内的垃圾，并负责清运至指定地点；每周要将楼宇各层公共走廊清洁一次，并清扫一次天台、天井和沟渠等；此外，楼宇的玻璃幕墙每月或每季擦拭一次；花岗石、磨石子外墙每年安排清洗一次；一般水泥外墙每年安排粉刷一次等。

（四）定期检查

物业公司可将每日、每周、每季、每年清扫保洁工作的具体内容用记录报表的形式固定下来，以便布置工作和进行定期检查。

四、保洁管理的原则

（一）扫防结合，以防为主

在清扫保洁中，"扫"当然很重要，但工作的重点并不是"扫"，而是"防"。即通过管理和宣传教育，物业服务企业在业主和使用人办理入住手续时，应通过颁发住户手册、房屋使用规定、临时管理规约等资料向业主宣传保洁管理的重要性，增强业主和使用人的保洁意识，纠正业主或使用人不讲卫生的习惯，防止脏、乱、差现象的发生，以便收到事半功倍的效果。

（二）执法必严，直接监督

物业服务企业还可以根据法律法规的有关条文和专业化物业管理的要求，制定更切实际的物业区域保洁管理办法和公共契约等。遇到有关损坏保洁卫生情况的行为时，应坚决对违反者进行耐心教育和严格处罚。

（三）实行生活垃圾的分类袋装化

学习发达国家生活垃圾管理经验，努力做到生活垃圾统一袋装、统一收集、统一运至指定的地点进行无害化、资源化、减量化处理。

五、保洁管理的工作内容

(一) 制定管理制度

科学、完善的管理制度是保洁工作顺利进行的有力保证。物业服务企业应在国家和地方有关法律法规的基础上,制定出自己的保洁管理工作规章制度,如保洁卫生操作标准、岗位职责、员工服务规范、清洁设备领用制度、操作规程、奖惩规定等。

(二) 制定保洁工作计划

工作计划是具体实施保洁管理的主要依据。因此,保洁工作计划应明确每日、每周、每月工作的安排,以便实施和检查。

1. 每日清洁工作的内容

(1) 所辖区域内道路(含人行道)清扫两次,整日保洁。

(2) 所辖区域绿化带,含草地、花木灌丛、建筑小品等清扫一次。

(3) 楼宇电梯间、地板拖洗两次,墙身清抹一次。

(4) 各层楼梯及走廊清扫一次,楼梯扶手清擦一次。

(5) 收集住户生活垃圾,清除垃圾箱内垃圾。

2. 每周清洁工作的内容

(1) 各层楼宇的各层公共走廊拖洗一次。

(2) 业主信箱清擦一次。

(3) 天台、天井清扫一次。

3. 每月清洁工作的内容

(1) 天花板灰尘和蜘蛛网清除一次。

(2) 各层楼宇各层的公用玻璃窗擦拭一次。

(3) 公共走廊及住宅区内路灯罩清擦一次。

(三) 抓好卫生设施建设

物业服务企业保洁部要搞好环境卫生管理工作,必须有相应的卫生设备设施。

(1) 卫生车辆包括清扫车、洒水车、垃圾运输车、粪便清运车等。

(2) 便民设施指为便利群众而建设的卫生设施,如垃圾清运站、果皮箱等。

(四) 加强环境卫生的宣传教育

良好的环境卫生,既需要物业服务企业的管理、打扫,也需要业主或使用人的保持与配合。因此,应通过宣传教育,提高住户的文明程度,自觉遵守有关规定,配合物业服务企业搞好保洁管理工作。

第三节 物业绿化管理

一、物业绿化的概念与功能

物业绿化是指在物业管理的区域内,种植树木花草进行绿化美化,为业主、使用人创造清新优美的生活、工作环境。加强环境保护,营造良好的生态环境已成当今人们的共识和追求,反映到物业管理工作上,最直接的就是要做好绿化管理工作。

绿化管理是一项功能与美观相结合的工作,对改善业主或使用人的工作和生活质量以及城市环境具有重要的作用。

具体地说,良好的绿化管理可以实现以下功能。

(一) 防风、防尘,保护生态环境

绿化和树木能够发挥降低风速、阻挡风沙、吸附尘埃的作用,并且由于树木的生命周期较长,效应也会比较持久。

(二) 净化空气,降低噪声,改善环境

绿色植物能够吸收二氧化碳等有害物质,释放氧气;灌木与乔木搭配种植,可以形成绿色"声屏",吸收和隔挡噪声。

(三) 改善小气候,调节温度

缓解城市"热岛效应"。绿色植物在蒸发水分的过程中,能够增加周围空气的相对湿度、吸收热量、降低气温。所以,对于缓解人造热源过多,人口、车辆密集,建筑物集中等原因造成的

"热岛效应"具有一定作用。

（四）美化物业区域和城市环境

良好的园林绿化不仅可以使城市充满生机，而且能够为业主或使用人的工作、生活、学习创造清新、优美、舒适的环境。

（五）提供休闲健身场所，陶冶情操

在绿地中，儿童游戏，成人休闲、娱乐，老人锻炼身体，可以起到丰富生活、陶冶情操、消除疲劳、增进人们彼此联系与交往的作用。

二、物业环境绿化系统的组成

绿化系统是指不同规模、不同种类的绿地、按点、线、面相结合的原则，组成的相互协调的整体。

物业环境绿化系统可以从不同的角度来分类，从绿地的功用看，可将绿化系统分为：

（一）游园绿化

游园是供居民日常生活中就近游览观赏、休闲娱乐等活动的公用绿地。

（二）道路绿化

指对物业管理居住区的主干道路、分支道路及宅前小路进行绿化而形成的绿带。道路绿化是居住区点、线、面绿化体系中"线"的部分，它可以起到连接、导向、分割、围合等作用，起到沟通居住区公共绿地、宅旁绿地等各级绿地的纽带作用。

（三）宅旁庭院绿化

一般是指宅前屋后以及建筑物周边的绿化，主要供本幢居民使用。宅旁庭院绿化在居住区绿地总面积中最大、分布最广、使用率最高。

（四）建筑内外绿化

主要是指室内绿化，阳台、窗台绿化，墙面绿化和屋顶绿化。从空间角度看，绿化系统可以分为：

1. 水平绿化系统

水平绿化系统是指在地平面营造的各种类型的绿地，由如下几部分组成。

（1）公共绿地是指居住区内居民公共使用的绿化用地，包括居住区的公园、住宅群楼间的小块绿地。居住区的公共绿地往往与居住区的体育设施和青少年、老年人活动休息等设施结合布置，一般由较大面积的整块绿地组成。

（2）公共建筑和公用设施绿地指居住区内的学校、幼托机构、医院、物业公司、街道办事处、居委会等单位周围布置的绿地，一般由面积不大的块状绿地组成。

（3）住宅旁和庭院绿地指住宅四旁绿化，一般由面积不大的块状和带状绿地组成。

（4）道路绿化指居住区内干道两旁种植乔木或灌木丛等树木，一般由面积较大的带状绿地组成。

2. 立体绿化系统

立体绿化系统又称"垂直绿化"或"竖向绿化"。立体绿化分为三种类型：

（1）同一块地上采用草坪、花、灌木和乔木共同构成的多层次结构的绿化模式；

（2）裸岩绝壁建筑墙面、栅栏、棚架和拱门等上利用攀援植物进行绿化的模式；

（3）房顶和楼房阳台等处进行绿化覆盖的模式。立体绿化可以弥补建筑物的缺陷，美化建筑物。

三、小区绿化工作的检查标准及检查方法

绿化检查标准是监督检查小区绿化工作的依据，其主要标准如下。

（一）修剪

1. 乔木

每年修剪两次，无枯枝树枝不阻碍车辆和行人通过，主侧枝分布均匀。检查时每次抽查10棵。

2. 灌木（九里香等）

每年修剪5次以上，使其造型整齐、美观；新长枝不超过30厘米，枯黄枝叶及时剪除，保持青绿和生机；修剪下的枯枝要即刻清除。检查时每次抽查3处，共30米。

3. 杜鹃

每年修剪6~8次，绿篱成型，造型美观，新长枝不超过30厘米。检查时每次抽查5处。

4. 草坪（台湾草等）

不定期修剪，每年修剪次数视草皮生长速度而定。无杂草、杂花，路牙、水沟、散水坡边整齐，草坪、草地目视平整。检查时每次抽查6处，共90平方米

（二）浇水

1. 花卉、苗

每日两次，泥土不染花叶，土不压苗心，水不冲倒幼苗。检查时要全面检查。

2. 树木、草地

冬季早晚不浇水，夏季中午不浇水，浇水时不遗漏，要浇透，无旱死、旱枯现象。检查时每次抽查5处。

（三）施肥

1. 乔灌木

每年4次，采用穴施或沟施，覆土平整，肥料不露出土外。

2. 草地

每年1次，播施和喷施，不伤花草。

3. 花卉

根据长势确定施肥次数，保证基肥，追施化肥，少量多次，不伤花草。

（四）杀虫

每月防治1次，发现病虫及时喷射。无明显枯枝、死权，有

虫害枝条在2%以下。

(五) 去尘

花池、花基、花盆、绿化带无烟头、纸屑等杂物,定期用湿软布、巾给植物茎叶除尘。

(六) 补缺(补植花灌木、乔木、草坪)

如有枯死现象,要按花木栽种季节及时补栽、补种。草坪无明显黄土裸露,最大裸露块不超过0.4平方米,裸露面积在总面积的5%以内。树木缺株在0.5%以下。检查时每次抽查5处,汇总计算。

(七) 中耕、除杂草

施肥前和下大雨后松土,每年不少于6次,草坪无明显杂草,树木下土层不板结,透气良好。检查时每次抽查3处,每处50平方米草坪,取平均值。

(八) 防风、排涝、巡查

每天巡查1次,暴风雨后查看草坪无1平方米以上积水,树木无倒斜。

第四节 物业环境污染管理

一、物业环境污染管理含义

物业环境污染管理,就是指对物业区域内的自然环境质量进行各项管理工作。物业公司要依据城市环境管理部门所制定的环境质量标准及指标体系,对物业区域内的自然环境质量进行监控,并进行环境管理工作。

二、物业环境污染的分类

物业环境污染根据人类与自然环境的关系,分为生产性污染、生活性污染、噪声污染和放射性污染等。

(一) 生产性污染

生产性污染主要是指工农业生产过程中排放出的有害物质引

起的污染。生产性污染来源于生产性污染源。生产性污染源包括工业污染源、交通运输污染源和农业污染源等。

（二）生活性污染

生活性污染是指居民生活用煤、生活用水及生活垃圾引起的污染。在居民区特别是物业区域大的居住小区里，大到家具，小到纸张、塑料、家畜下水料、菜根残叶等生活垃圾都容易造成污染，从而恶化环境，为害人身健康。

（三）噪声污染

噪声污染是指排放的环境噪声超过生态系统标准或国家及国际标准，对人的工作、学习、生活等正常活动以及人体健康造成妨碍和损害的环境现象。噪声污染表现为声音尖高、刺耳、杂乱和怪声等。工业、交通运输、建筑施工、生活活动是产生严重噪声污染的主要原因。

（四）放射性污染物

放射性污染是指核能工业排放的放射性废弃物，医用及工农业使用的放射性设备等引起的污染。放射性污染中既有生产性污染，也有生活性污染。放射性污染物可以通过空气、水域、土壤及食品等途径进入人体，并对人体健康产生为害。

三、防治大气污染的主要措施

（一）物业大气污染的产生主要有三个方面

1. 生活污染源，即人们在做饭、取暖、洗涤等过程中，所用燃料放出的有毒、有害气体、烟雾等造成的污染；

2. 工业污染源，即工矿企业在生产过程中和燃料燃烧过程中排放的煤烟、粉尘及无机、有机化合物；

3. 交通污染，即各种交通工具运行时排放出的发动机燃料燃烧后的尾气等造成的污染。

（二）对于物业公司来说，大气污染防治的途径包括

1. 发展植物净化

植物具有美化环境、调节气候、截留粉尘、吸收大气中有害

气体等功能，可以大面积长期连续地净化大气，尤其在大气中污染物影响范围广、浓度较低的情况下，植物净化是行之有效的方法。在物业区域内有计划、有选择地扩大绿地面积，开墙造绿、立体建绿、阳台种绿、见缝插绿、严格管绿，是综合防治大气污染的长效与多功能的保护措施。

2. 加强对大气污染的监测管理

可从以下方面入手：

（1）加强车辆管理，限制机动车进入物业区域，以减少汽车尾气的污染；

（2）在物业维修、装修时，要尽量采取防止场尘的措施；

（3）平整和硬化地面，减少扬尘；

（4）禁止在物业辖区内随意焚烧沥青、油毡、橡胶、塑料、皮革、落叶和绿化修剪物等能产生有毒有害气体和恶臭气体的物质，特殊情况下确实需要焚烧的，必须报经当地环保部门的批准；

（5）限制饮食服务业产生的油烟污染。

四、防治水体污染的主要措施

1. 加强对污水排放的控制。

2. 加强对已排污水的处理。

3. 加强对生活饮用水二次供水卫生管理。

五、防治固体废弃物污染的主要措施

固体废弃物是指生产、生活和其他活动中产生的，在一定时间和地点不再需要而丢弃的固态、半固态物质。固体废弃物按其来源和管理要求，可以分为工业型和生活型两大类。在物业区域中以生活型固体废弃物为主。

生活型固体废弃物，即城市生活垃圾，是指居民生活、商业活动、市政维护、机关办公等产生的生活废弃物，如炊厨废弃物、废纸、织物、家用杂具、装修垃圾、脏土、粪便等。

防止固体废弃物污染可从以下方面入手。

（一）固体废弃物的收集

固体废弃物的收集要采取分类收集的办法。在这方面，要提高人们的自觉意识，加强分类指导，加大固体废弃物分类回收的力度，逐步实现"三化"（即减量化、资源化、无害化）。生活垃圾分类后，应装入相应的塑料袋内，投入不同的垃圾容器或指定的地点。存放各种生活垃圾的塑料袋应完整不破损，袋口扎紧不散漏；医疗垃圾、放射性垃圾、传染病人垃圾、动物尸体等有害垃圾以及单位和个人在翻建、改建或装修房屋时产生的渣土垃圾，应按有关规定处理，不得混入生活垃圾之中。

（二）固体废弃物的运输

按照规定，固体废弃物的运输要由专门的机构、专门的人员负责。在运输过程中，要采取严密的措施，防止遗漏、遗洒，防止二次污染。

（三）垃圾的处理

一般采取以下方法。

1. 堆放法

对于不溶解、不飞扬、不腐烂、不散发气体的块状和颗粒状的废物，如钢渣等可在指定地点集中堆放；

2. 填埋法

将生活垃圾、污泥、粉尘等填埋于指定垃圾场的土坑、采石场、废矿坑中；

3. 焚化法

利用焚烧，可减少垃圾的体积，从而减少垃圾填埋量。在焚烧中要防止污染空气。

六、加强对业主和使用人生活垃圾的管理

通过宣传教育，要使大多数业主和使用人树立起高度的环境保护意识，养成文明的生活习惯，自觉地减少垃圾的产生，自觉地遵守生活垃圾的堆放。同时，还要实行谁产生垃圾谁负责的原则，对单位实行环境卫生责任制，对个人实行生活垃圾分类袋装

化等。

七、防治噪声污染的主要措施

噪声污染是指人类活动排放的环境噪声超过国家规定的分贝标准，妨碍人们工作、学习、生活和其他正常活动的现象。

根据物业环境噪声的来源可将噪声污染分为：

1. 车辆交通噪声

当机动车辆驶入物业管理区域内时，会发生行进、振动和喇叭声，造成直接污染；

2. 建筑施工噪声

在物业区域外如有建筑工地，会发出因机械振动、摩擦撞击、搅拌等噪声，使物业环境受到间接污染。物业区内本身的维修和装修活动，也会产生施工噪声和使用电动工具的刺耳噪声污染；

3. 社会生活噪声

是指物业区内部和建筑物内部各种生活设施、人群活动等产生的噪声。主要包括商业设施噪声、教育设施噪声和居民生活噪声3类。例如，户外农贸市场的嘈杂声、小区内卡拉OK歌唱声、中小学广播喇叭声、儿童的哭闹声等。物业噪声污染的防治手段有：

（1）禁止在夜间（一般指晚22：00至次日晨6：00内）从事施工作业，以免影响他人休息。但抢修、抢险和必须连续作业的，经市或区县环保局批准的除外。

（2）禁止机动车、船在禁止鸣笛区域内鸣笛。要控制机动车辆驶入物业辖区，特别需要注意的是，应尽量避免使物业区域的道路成为车辆的过境交通要道。对驶入物业辖区的车辆要限制车速，可采取曲线形道路，迫使车辆进入物业区域后不得不降低速度以减少噪声，并禁止车辆在物业区域内，特别是居民区内鸣笛。

参考文献

[1] 陈宇. 物业管理员. 北京：中央广播电视大学出版社，2004.
[2] 郑国明. 物业管理员实用手册. 北京：机械工业出版社，2001.
[3] 阎志军. 物业管理员必读. 北京：中国社会出版社，2005.
[4] 史晔华. 物业管理员. 北京：机械工业出版社，2006.
[5] 冯明明. 物业管理员. 北京：中国劳动社会保障出版社，2001.
[6] 唐照. 物业管理员. 北京：中国劳动社会保障出版社，2007.

参考文献

[1] 陈宇. 钢结构望远镜. 北京: 中央广播电视大学出版社, 2001.

[2] 戴国忠. 化工容器和设备. 北京: 化学工业出版社, 2002.

[3] 王志魁. 化工原理(第二版). 北京: 中国石化出版社, 2002.

[4] 单贤根. 化学基础. 北京: 机械工业出版社, 2006.

[5] 申明月. 物理化学基础. 武汉: 中国地质大学出版社, 2001.

[6] 郑振辉. 快速绘画技法. 北京: 中国建筑工业出版社, 2001.